讀心溝通術

如何從「口頭禪」判斷對方個性？
掌握七技巧，立刻看穿各種人！

一瞬で人間関係を作る技術エマジェネティックス

中村泰彦、中尾信也——著
張婷婷——譯

彩色圖解一

全腦思維分析系統的人類七種特質指標

四種思考特質

分析型
•明確的思考方向
•用理論的方式解決問題
•喜愛數學
•理性
•使用分析法學習
概念型
•創造力
•直覺性產生創意
•視野寬廣
•喜歡與眾不同的事物
•會做各種嘗試
結構型
•重視實用性
•會認真閱讀說明書
•對新想法持慎重態度
•偏好可以預測的結果
•會依自己的經驗做判斷
社交型
•重視人際關係
•偏重社會性
•容易產生同情心
•會與他人產生共鳴
•多從他人身上學習

三種行為模式

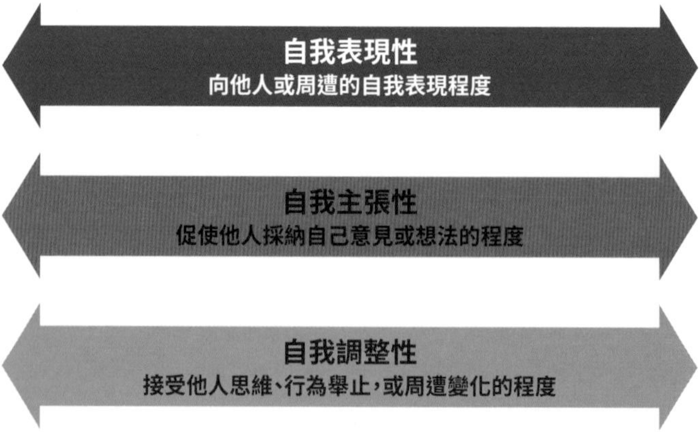
自我表現性
向他人或周遭的自我表現程度
自我主張性
促使他人採納自己意見或想法的程度
自我調整性
接受他人思維、行為舉止，或周遭變化的程度

當你理解這張圖表時，人際關係將會有顯著的轉變！

彩色圖解二

個人「思考特質」診斷測驗分析

你的「思考特質」是哪種？
請在認為「最符合自己特質」的選項中打勾，並忘掉「周遭給你的評價」或「你的既有形象」，打勾最多的部分就是你的「思考特質」。

「思考特質」不一定只有一種，詳情請閱讀本書

分析型

- □講求道理
- □理性思考
- □偏好知性思考
- □客觀看待事物
- □採取理論性的思考模式
- □會對事物心存懷疑
- □具批判性
- □熱心研究

共符合______項

概念型

- □富有創意
- □獨創革新性
- □想像力豐富
- □以直覺判斷創意
- □擁有寬廣的視野
- □不被既定觀念束縛
- □愛好變化
- □喜新厭舊

共符合______項

結構型

- □講究細節
- □遵守規律
- □重視秩序
- □守規則
- □擅長整理收拾
- □重視傳統
- □行為有跡可循

共符合______項

社交型

- □重視人際關係
- □和藹可親
- □感情豐富
- □體貼人心
- □容易移情
- □感性
- □擔任支援的角色
- □用直覺判斷他人

共符合______項

個人「行為模式」診斷測驗分析

你的「行為模式」是哪種？
請在下列的「弱型」、「強型」中，勾選「最符合自己」的項目。勾選越多，代表你偏向該行為模式。若強弱兩者數量相當，表示屬於「中間」類型。

自我表現性

弱型

☐安靜
☐冷靜
☐喜歡獨處
☐內向
☐偏好人少場合
☐避開他人注目
☐喜歡安全地方
☐感情不外露

共符合______項

強型

☐喜歡受注目
☐喜歡熱鬧
☐不怕生
☐愛講話
☐活潑
☐外向
☐經常比手畫腳
☐感情表現豐富

共符合______項

自我主張性

弱型

☐避免對立
☐消極
☐負責調停
☐待人親切
☐慎重
☐勝負非全部
☐遵從他人決定
☐能接受新看法

共符合______項

強型

☐堅持想法
☐有活力
☐有行動力
☐多話
☐競爭心強
☐有魄力
☐性急
☐不怕與人衝突

共符合______項

自我調整性

弱型

☐頑固
☐不喜歡變化
☐獨裁
☐決定速度很快
☐不改變決定
☐替代選擇少
☐焦點固定
☐喜歡已經決定好的事
☐有明確意見

共符合______項

強型

☐具協調性
☐溫和
☐悠閒
☐待人和氣
☐替代選擇多
☐不討厭變化
☐適應性高
☐可以處理曖昧不明的狀況
☐擔任支援角色

共符合______項

簡易分析只是參考，最精確的分析結果，仍須透過全腦思維分析測驗。

彩色圖解四

診斷測驗分析結果實際範例

EMERGENETICS® | PROFILE
思考特質與行為模式

分析型=27%

- 明確的思考方向
- 用理論的方式解決問題
- 喜愛數學
- 理性
- 使用分析法學習

概念型=31%

- 有創造力
- 直覺性產生創意
- 視野寬廣
- 喜歡與眾不同的事物
- 會做各種嘗試

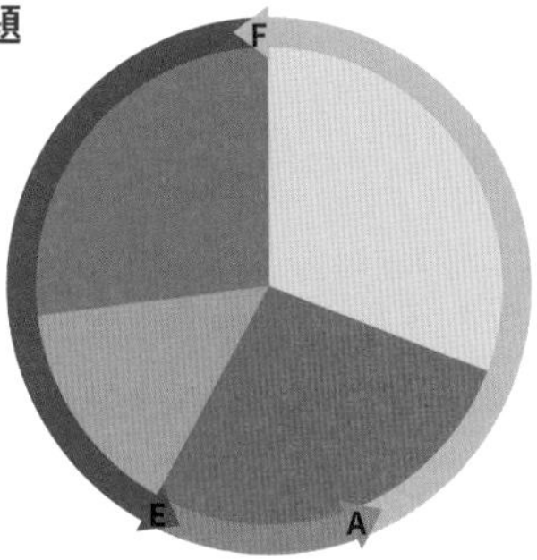

結構型=15%

- 重視實用性
- 會認真閱讀說明書
- 對新想法持慎重態度
- 偏好可以預測的結果
- 會依自己的經驗做判斷

社交型=27%

- 重視人際關係
- 偏重社會性
- 容易產生同情心
- 會與他人產生共鳴
- 多從他人身上學習

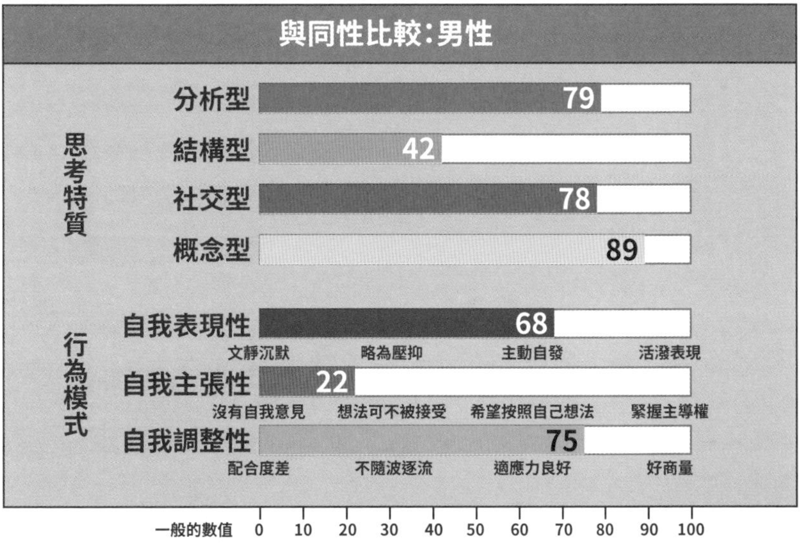

運用實際的分析結果，就會得到如上述的詳細資料！

推薦序

走出框框，發展自我

林國榮　博士（Dr. Chris Lam）

機會總是留給準備好的人，想要獲得成功，不能單靠運氣或者等待別人的救援。渴望踏上成功的青雲路，就必須好好地裝備自己，才有機會在芸芸競爭者中脫穎而出。然而，拾級於生涯階梯一路往上爬，無能避免地會遭遇困頓與不足，不管是因為自我侷限性或周遭的險境，我們該如何才能突破阻礙呢？

唯有個人的蛻變才足以幫你脫困，在人生路上大步往前邁進！而能幫助你破繭而出的，除了接受良善且有效的成長訓練外，養成閱讀習慣更是不可或缺的要素。透過閱讀取經於古往今來的智者賢人，接受知識的洗禮，淬鍊出更好的思維、更完備的分析與更好的決策能力，就能從容面對與跨越任何難關，成為人生的大贏家、勝利組。

打開智慧寶庫，讓蛻變成真

從事超過二十年跨國教育訓練的工作，我往返於全球各地，包括美國、歐洲、日本、新加坡，有幸和世界一流的大師達人們一起工作，從他們身上學得可觀的智慧與觀念而獲益匪淺。但其中最令我印象深刻的是，他們都有一個共通點——「不間斷地以閱讀提升自己，不落人後」。

再者，也基於自己職業工作關係，我經常面對許多不同企業和形形色色的個人問題。在鑽研這些為數不少的個案，以及提供解答的過程，我除了運用本身多年的學養外，也都會參酌相當數量的書籍文獻。這讓我發現，其實甚多疑難的答案早已藏身在字裡行間，只不過人們無從發掘這些智慧寶庫罷了。倘若我可以推廣這些幫助過許多人的好書，鼓勵人們閱讀，必然能帶給他們助益，甚至幫助他們脫困、蛻變！

於是，我希望透過「讀學力」這個書系，能把我所知道的好書、好作家及寶貴的經驗談，在華文地區有系統、有計畫地出版，藉此得以有更多人因書而提升，而成功，而改變。本書系內容豐富多元，從「成功激勵」（empower）、「職場商管」（business）、「心靈成長」（spirit）等領域著手，向全世界求取問題的解方。精心遴選立論根本卓越，易懂實用有效的內容，並且能快速運用在工作和生活上的好書，以企圖造就一座「智慧寶庫」為願景。

掌握時機，充實自己

當今世界因為資訊科技十倍速於過往，全球化使得競爭舞台更形擁擠，我們嘆惜不少在以前名噪一時的知名大企業，就因為沒能跟上時代巨輪的演進，最後只能在市場上消失匿跡。同樣地，如果個人沒有持續不斷地吸收智慧，閱讀新知來充實自己，無可避免地也將在這個大浪潮下遭到淘汰。

英國大思想家培根（Francis Bacon）說過：「讀書帶給人們樂趣、優雅與才幹」（Studies serve for delight, for ornament, and for ability），你也一定對「活

到老，學到老」這句話耳熟能詳。成長不能只有體幹的成熟，更重要的是無歇止的心智躍昇，如此才足以面對越來越多的挑戰並且勝出。而這也和我持續推動的「轉化性學習」（Transformative Learning）不謀而合。也就是在人生的不同階段，都要不斷學習與閱讀新知識、新技能。

來吧！就讓我們攜手一起進到讀書的殿堂，沉浸在智慧的懷抱。

★本文作者現為願景集團總裁暨首席執行官；亞洲教練及導師學院首席營運官；Emergenetics International——大中華區首席執行官。

Chapter 1

全腦思維分析的強大效用

Chapter 2

不懂思考特質，溝通就會經常碰壁

Chapter

3

說不通？合不來？行為模式差異的溝通障礙

Chapter 4

只要一分鐘！看穿任何人的技術

Chapter

5

瞬間創造良好人際關係的技術

前言
破解人際關係的科學工具

「不知怎麼地，只要跟那個人講話，就會覺得很焦慮。」

「我完全不懂那個人在說什麼！」

「為什麼部長就是不懂我想表達的意思呢？」

「那個傢伙真的明白我在說什麼嗎？」

明明都是使用同一種語言，談論相同的主題，無論如何就是沒辦法互相理解對方的意思；雖然不知道是什麼原因，但總覺得跟他相處時就是不太融洽……

在你身邊一定有那麼一、兩個，讓你在相處時產生這種感覺的人吧。要是那個人是你每天都要打照面的上司或下屬、同事、客戶的話，是不是就會演變成嚴重的問題呢？

無論是如何棘手的對象，為了讓工作能順利進行，就不可能不與他們溝通。而本書介紹的「全腦思維分析」，就是能把這些煩惱全都解決的工具。

為了讓公司內部溝通順暢，進而引導出員工的最佳表現，在美國，像微軟、IBM、Intel、希爾頓飯店等世界一流企業，都已經引進了這個工具。

「為什麼對方無法理解我講的話？」

「為什麼我們就是合不來？」

為了讓你能清楚了解這些原因，接下來讓我們看看下面兩個實例。這是參加我們研習的學員所遭遇的實際案例。

以下的真實故事我會做些微調整，其中的人物會改用化名指稱。雖然和原來的情節稍有不同，但透過全腦思維分析系統，這兩個案例確實都在人際關係上有了戲劇性的變化。

由於是具代表性的案例，搞不好你也會因為覺得「對！對！對！真的有這種事！」、「說的沒錯！真的有這種人！」而產生共鳴也說不定。

這個時候，你可以將自己身邊發生的例子，試著替換進來閱讀。

案例❶

某家創投企業的經營者武藤，有一個得力助手明輝。明輝雖然是能幹優秀的二當家，不過在他們談及將來的工作願景時，武藤和明輝總是發生話不投機半句多的狀況。

武藤：「前幾天的新點子，你覺得如何？如果能實現，這家公司在十年後，毫無疑問將成為業界第一！」

明輝：「那談得上是點子嗎？不過是偶然想到的東西而已。要具體實現，還得認真從長計議才行。」

武藤：「等一等，我好不容易講個有遠大夢想的事情，讓我們先把現實擺一邊，一起把這個點子擴大想像吧！」

明輝：「雖說想像是自由的，但若在商業層面上不能實現，也沒有任何意義啊。再說，預算和人才要從哪裡調度呢？這些事不計畫性地思考，最後這個企畫也只是徒勞無功、白費力氣而已。」

武藤：「你怎麼都講不通呢？我的想法是……」

兩個人的對話始終是這種雞同鴨講、沒有共識的感覺，並且一直不斷重複輪迴。

於是武藤開始覺得，明輝是因為「他討厭我，所以才會說那種話阻礙我」。另一方面，明輝也開始懷疑「他是要找我麻煩，才老是故意說些不可能實現的事吧？」

結果兩人的關係持續惡化，最後的情況竟嚴重到半年內不跟對方說一句話。

由於不能和負責處理實務的明輝有效地溝通意見，公司業務變得很不順暢，整體經營開始出現一些問題，甚至差點就要破產。

接著讓我們看看另一個實例吧。

案例❷

擔任某企業的課長野中，是一個會跟年輕下屬們親切攀談的直率型上司。

「妳今天的衣服很可愛哦！」

「今天的髮型看起來很不賴唷！」

野中對女性部屬也是使用這種相處模式，在樓層中到處走動，並頻頻和自己的團隊成員攀談。他認為這樣的溝通方式能縮短彼此之間的距離，是促使職場氣氛良好的最佳良方。

沒想到有一天，野中被上司叫了過去。

「你對淳子的言行已經造成職場性騷擾了！」

原來是下屬淳子向公司投訴：「希望對野中的性騷擾拿出一點具體辦法」。

對野中來說，簡直晴天霹靂，他完全不清楚這些對話哪裡算是性騷擾。

「你用大家都聽得見的音量，說淳子的服裝打扮如何，髮型又是怎樣的，是嗎？以後要多注意這一點，別再說出像這樣會造成別人誤解的話了。」

雖然被這麼勸戒，野中還是完全不能理解讚美淳子的服裝或髮型，究竟是哪裡不對……

你覺得問題出在哪裡呢？這樣的事在職場如同家常便飯，但為什麼會發生這種像電線短路似的溝通問題呢？

那是因為沒有正確地理解對方與自己。有著「無法順暢溝通……」、「不能創造良好的人際關係……」等煩惱的人，讓我來問你們一個問題吧。

自己能理解的事，一定會認定對方同樣能理解；自己覺得好的事，相信對方也一定會覺得是件好事，在你心裡是不是經常存在這種傲慢的想法？

雖然對任何人來說，很難避免這種直覺上的想像，但事實上，每個人都是不同的個體，由於各自都有不同的遺傳因素與不同的人生經驗，會造成認知差異也是理所當然的事。

這麼解說下，你是不是已經開始明瞭，原來「自己能理解的事，對方並不見得一定能理解」的這個顯而易見的事實呢？許多人際關係之所以不融洽、難以溝通、說話很難有共鳴，就是因為不明白自己和對方的差異，不知道該怎麼調整和對方說話的態度、方式，就直接進行溝通的緣故。

那麼，究竟該怎麼做，才能正確地理解自己和對方的差異，並採取適當的溝通方式呢？

「全腦思維分析系統」是你可以嘗試的有效方法。

「全腦思維分析」的英文是由 emerge（發生）和 genetics（遺傳基因）這兩個單字組合成的新詞彙。全腦思維分析是以最新的腦科學為基礎，所開發出的心理分析（包含分析思考、行動層面）技術，它能讓人正確理解自己與對方的差異。

「自己和對方的差異在哪裡？」

「為什麼對方會那麼想？」

「為什麼當時對方會採取這種行動？」

若能深入了解全腦思維分析，你就會清楚意識到問題發生的原因，以及如何針對問題做出調整與處理，如此將能讓「為什麼總是話不投機」、「怎麼都很難合得來」、「討厭那個人」等這些人際問題，產生相當大的變化與改善。

我想任何人都會同意，想要擁有好的人際溝通，首先最要緊的就是要尊重與體貼對方的感受。全腦思維分析中提到，你不需要勉強改變自己去配合對方，也不用強行改變對方來配合自己，只要了解自己和對方的差異後，在「說話方式」、「相處技巧」上費點工夫就可以了。

這就是全腦思維分析的基本原理，在稍後章節中，我將會一一詳加說明。

全腦思維分析將人分為「四種思考特質」與「三種行為模式」，你可以參照本書【彩色圖解一】的全腦思維分析系統的人類七種特質指標。只要充分明白這「七種特質」的不同點，便能輕易且清楚地理解自己和別人。

關於檢視自己的特性是哪一種類型，你可以運用【彩色圖解二及三】的個人「思考特質」診斷測驗分析，以及個人「行為模式」診斷測驗分析來檢視自己。此外，如何看出對方是哪一種類型，這部分我將在第四章「只要一分鐘！看穿任何人的技術」進行說明。若對方也接受性格分析測驗當然最好，不過即使對方沒有接受測驗，只要你讀了該章節，一樣能就行為舉止、口頭禪等方面，準確推測對方到某種程度以上才是。

「案例❶的兩個人，在「**思考特質**」上有何不同？」

「案例❷的兩個人，在「**行為模式**」上有何不同？」

我在第四章的最後，附上了「解答專欄」單元。你能得知武藤和明輝在研習結束後，相處上產生了什麼變化？野中和淳子的人際相處有了什麼樣的改變？

這兩個案例的結果，我將在「解答專欄」單元詳細地解說。

雖然本書集中討論發生在職場的案例，但全腦思維分析卻能用在任何一種人際關係上。

「職場的人際關係」、「銷售」、「說明會」、「待客」、「交涉」、「投訴處理」、「會議」、「面試」等商業場合自不待言，在「戀愛」、「交友關係」、「夫妻相處」、「家庭關係」等私人領域上，也能發揮效果。

請你一定要把全腦思維分析運用在所有人際關係中，如此就能大幅改善各種相處問題。

前言到此為止，也差不多該進入正題了。

我再強調一次，若是能使用全腦思維分析，了解自己和對方的差異，便能針對不同對象改變相處溝通的方式。只要能變換溝通方式，你的人際關係就會產生戲劇性的改善，而追根究柢，這全是基於對他人的體貼。

「全腦思維分析就是為了能理解對方、體貼對方的工具。」

本書正是以這種願景不斷努力著。書中的方法若能對你在人際關係的煩惱有所助益，將是我們最開心的事。

請你一定要讀到最後。

Chapter 1

全腦思維分析的強大效用

了解自我特質，看穿別人個性，
任何人都可溝通，和誰都能聊得來。

1 了解特質，發揮強項，就有驚人的改變

我們在二〇〇七年時，開始把「全腦思維分析」系統引進日本。這個早在全球許多地方都卓然有成的科學溝通方法，現今或許還是一項只有菁英人士才會知道的工具。

全球頂尖企業都在用的溝通工具

從美國開始發展的全腦思維分析，因為它的特殊性與有效實績，如今在世界各地廣泛受到如微軟、ＩＢＭ和 Intel 等各大知名企業的青睞和運用。此系統普遍被認定在人才開發及組織活絡上，帶來極大的助益。當你了解到，有這麼多企業正在運用與認可後，我想你也會相信「全腦思維分析」驚人的準確度和有效性了吧！

全腦思維分析系統由美國蓋爾・布朗寧（Geil Browning）博士開發。她在內布拉斯加大學（University of Nebraska）取得博士學位後，專攻腦科學研究和心理分析超過二十年，時至今日已成為該系統的諮詢顧問。在因緣際會下，我們認識了布朗寧博士，並且開始協助把「全腦思維分析」引進日本。

布朗寧博士原本是學校老師，對教育非常熱心，可謂全心投入，和她相識的人無不讚譽有加。更值得一提的是，在年僅二十六歲時，她就因為在教育工作上的優良實績，被拔擢擔任小學校長。

布朗寧博士在擔任老師之際，曾有一個非常大的苦惱，那就是「為什麼學校裡的每一個班級，或多或少都有頭腦聰明，但總是無法把書讀好的孩子呢？」這些學生對於某些科目的學習，幾乎只有三分鐘熱度。上課時也很快就對所教的內容感到厭煩，不感興趣的科目連看都不想看，完全不願意複習。然而，對自己感興趣的科目，卻十分認真地投入，有的人甚至可說到了幾近沉迷的地步。這樣的學習行為實在令人費解！

「對於這種孩子，身為一個教育者，該如何指導他們呢？」布朗寧博士一直為此感到煩惱，而這也開啟了她日後研究與開發出「全腦思維分析系統」的契機。

左腦右腦大不同，成績欠佳無關聰明才智

幸好，腦科學給了她解決這個問題的線索。

一九七〇年代後半，一種以人類擁有「左腦」、「右腦」這兩個機能，且作用迴異為理論基礎的「大腦區隔法」的研究開始盛行，這讓布朗寧博士不禁思索：「這個科學研究會不會是拯救那些有學習問題的孩子們的關鍵？」

許多人都曾聽過，人類左腦和右腦在功能與作用上的定義，大概會有如下的區別——左腦具備「理論」、「分析」、「數學」等機能；另一方面，右腦則偏向於「直覺」、「情感表達」、「概念」等機能。

對一般人而言，通常都會習慣選用自己較為占優勢的腦機能。慣用左腦的

左腦與右腦的機能特質

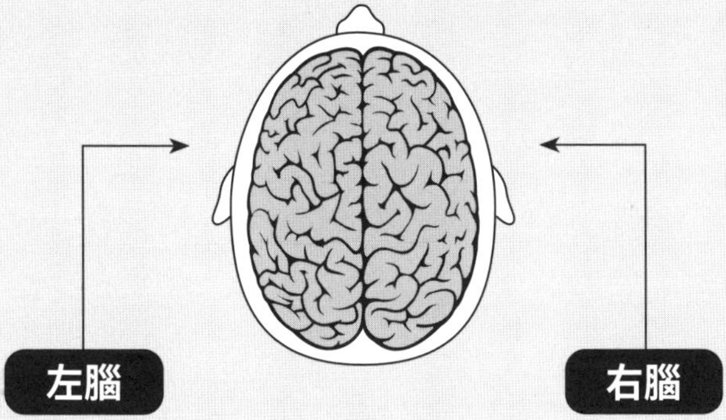

左腦	右腦
・理論	・直覺
・分析	・情感表達
・數學	・概念
・對資料處理或數字方面很在行	・腦海常會浮現新點子
・擅長計算分析	・喜歡音樂或藝術
・喜歡建立理論來說明事物	・對人際關係敏感

偏好使用左腦或右腦並沒有高下區別，兩者都一樣優秀。

人，有著「對資料處理或數字方面很在行」、「擅長計算分析」、「喜歡建立理論來說明事物」的傾向；另一方面，對擅長運用右腦的人來說，則經常會有「腦海常浮現新點子」、「喜歡音樂或藝術」、「對人際關係敏感」等傾向。這兩種人無論偏好使用左腦或慣用右腦，並沒有誰高誰低的區分，兩者都同樣地優秀。

在了解基本原理後，布朗寧博士這麼想著：「在眾多學生當中，必然也會有慣於左腦思考跟右腦思考的孩子，如果是這樣的話，那麼讓全部的學生都只能使用一種教科書和測驗習題，並採用單一標準來判定一個人的能力，這樣的教育學習制度與評量方式，會不會本身就是個錯誤呢？」

發揮個人強項，就會有驚人變化

由於人數比例多寡的緣故，世上大部分的規則架構，多是由具有左腦思考傾向的人所制定。雖然創意或想法是由擅長右腦的人所構想產生的，但實際上，訂立計畫並付諸實行的，多是擅長左腦思考的人。因為如此，學校課程和教科書的內容撰寫，也絕大部分是由左腦思考傾向的人來完成。

教學規則、課表安排、教科書制訂等等，都是順著這樣的結構按部就班進行。目前的教育體系，多半是把測驗所得的分數拿來作為學習法的評量重心，而不是將作文或繪畫等創造性的學習當作核心。

從過去到現今的學校教育體制，可以說完全是有利於左腦派的系統。當然，這或許不能說是件不對的事，但我們能這麼說，對於這個毫無抵抗而只能順從的學習架構，都是以慣於左腦思考的孩子們為主。總而言之，目前學校教育所面臨的問題，就是習慣使用右腦思考的孩子們，比較容易失去發展自己強項的機會。

比方說，你可能曾有這樣的感受與經驗，無論自己多麼想努力，在學校上英文課的時候，再怎麼勉強自己用心，就是覺得枯燥乏味。除此之外，更覺得學校英文教科書的內容實在太無趣，難以讓自己專心閱讀，以致於每次考試的分數自然好不到哪去。雖然對英文課沒興趣，私下卻非常喜歡聽西洋樂，有時收聽完外語廣播後，常常會對英文產生興趣，並在不知不覺中記住了一些英文單字或文法！這可以說是相當典型的「右腦型學習法」。

如果有過像這樣的類似經驗，就代表你並非學習能力比別人低落，說不定只是因為你不適合左腦型的學習方法。因此，只要正確理解自己的個性或強項，就能選擇最適合自己的學習方式。

這樣的概念不僅僅止於小孩，對成年人來說也是同等的道理：「要是能了解自己的個性或強項，就足以把它發揮在職場工作或私人生活上。」

因此布朗寧博士決定重新回到大學，想以腦科學為研究基礎，開發出能把個人強項更進一步發揮的心理分析技術。終於，「全腦思維分析系統」（Emergenetics）在她的不斷努力下問世了。

如同剛剛所言，過去與現在的教育，都存在著「右腦派的孩子們，較不容易獲得好成績」的缺憾。為了改善這一點，許多日本學校也都正在嘗試採用全

作筆記的不同方法

左腦派的範例 偏好文字說明方式

優角 —— 大於180°，小於360°的角
劣角 —— 大於0°，小於180°的角
※一般的角皆為劣角
交點 —— 平面上，兩直線交會產生的點

右腦派的範例 偏好圖像說明方式

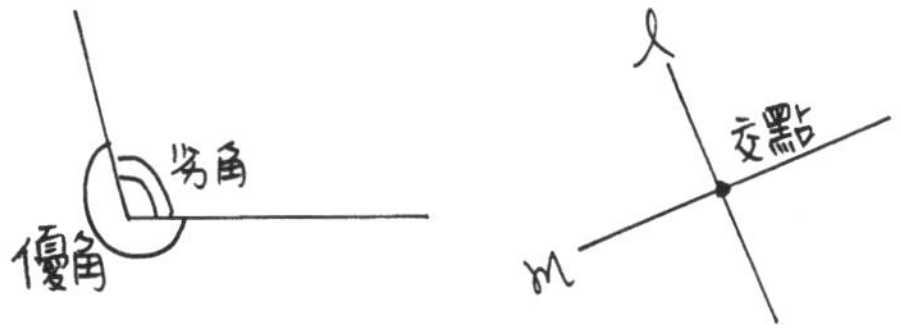

從上述二圖比較可以得知，作筆記方式深受思考特質的影響。

腦思維技術來授課。

東京市某所私立中學的數學老師，嘗試讓所有學生都接受全腦思維分析測驗，並以分析結果為基礎，研究規畫「該採用什麼樣的授課方式，才不會讓任何一個學生落後」。例如，在上數學課的時候，老師會讓左腦派的孩子把教學內容用寫文章的方式抄下筆記；相對的，右腦派孩子們則讓他們用圖案、繪畫或記號來寫筆記。

此外，老師向來都是用黑板授課，這樣的模式是依照老師自己的思考特質（數學部分偏重左腦型思考）進行教學。雖說右腦型學生也有思考能力，但在理解上總是比較不容易明白；另一方面，若是換成右腦型教學模式的課程，和左腦型學生一樣會產生很難全盤理解課程內容的狀況。基於腦科學的研究結果，老師不應該固執於自己的思考模式，而是必須顧及不同思考特質的學生，平衡授課方式才是最重要的。

取得心理學博士後，布朗寧博士在教育領域擁有了更加深厚的造詣。她希望日後能在日本及其他各地，推廣顧及學生個人思考特質的授課方法。

正如我剛剛提及的那位中學數學老師，在教導學生時，具體實踐了活用左腦與右腦的兩種教學法，據此嘗試創造出適合每個人發揮思考的學習空間。這個創新試驗在學校同事間產生影響，並對這個嘗試展現出極大的關注，使得此種教學法開始在研究會上形成話題。

「創造出每一個孩子都能發展自己強項的教育！」對布朗寧博士這種教育理念產生共鳴的老師，正持續擴大中。

四種腦思考，決定你的個人特質

前面我曾指出，人類的左腦偏於理論的機能，右腦則是較為直覺性的思考。不過在全腦思維分析中，並不認為人們的思考特質只區分為「左腦」、「右腦」這兩種，它更進一步地探究，將左腦與右腦拆解成「抽象腦」與「具象腦」。

人類大腦具有對未知的想像力，或說具有對根本不存在的事物的抽象概念。

另一方面，它也擁有構成事物的要素，或說分析眼前事物、資訊的能力。大腦的不同部位各自分擔不同機能，正因為大腦機能的思考如此複雜，若僅區分成「理論或直覺」顯然不夠，因此將「抽象」或「具象」的差異再劃分出來絕不可少。

全腦思維系統中的「抽象腦」，代表整體概念或概略，是以掌握大範圍的方式進行思考。你可以想像成一隻鳥兒從上空俯瞰一整座森林，「抽象腦」的優越之處，就在於能掌握「森林整體的模樣」。他知道河川流過森林的哪些地方，又在哪些地方有著巨大岩石之類的。

你可以想像「具象腦」是小動物在森林中，注視著一株一株的樹木，或是地表上蟲子的模樣。雖然看不出森林整體的樣貌，卻能掌握「眼前的細節」，這是它的優勢長處。

若以職場工作場合的形態來描述，注意力較偏向掌握整體目的、完成後的狀態或未來的願景等類型，就會偏向於「抽象腦」。

大腦分為四種思考特質

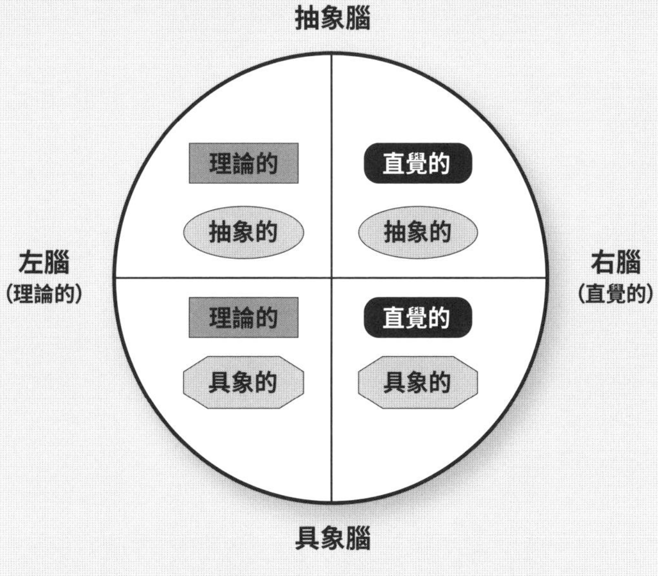

全腦思維分析將人的大腦分為四個部分來探討。

另一方面，注意力放在工作的順序、誰較適合處理、能怎麼做等詳細工作管理，就屬於「具象腦」的典型了。

總體而論，在全腦思維分析的概念中，除了將大腦區分成「左腦」、「右腦」外，還會各自再細分成「抽象腦」、「具象腦」的「四等分部位腦」，並以此來分析人的四種思考模式的特質。

2 為何人們會為溝通煩惱

其實在布朗寧博士正式開始研究的一九八〇年代之前，早已存在著許許多多以「了解自我特質」為目的的個性診斷測驗。然而，布朗寧博士將這些診斷測試驗證過數百次後所得到的結果，發現這些老舊的方法存在著很大的缺陷。

思考和行為不一定有關聯

布朗寧博士發現，陳舊的分析方法，沒有明確區分「思考」與「行動」在人們的作為上是獨立的這個特性，這是過去老方法之所以產生錯誤解析的根源。

這個道理或許有些難懂，就讓我舉個例子詳細說明一下吧！請你回想一下，過去好友相邀一起喝酒聚會時的情況。

假設有兩個人很喜歡跟朋友一起聚會喝酒，其中一個只要去參加的話，不管現場的人數有多少，他自個兒都會口沫橫飛地侃侃而談，是一種會積極提供話題的類型。另一個人雖也喜歡參加聚會，但遇上很多人吵吵鬧鬧的時候，他多半不太說話，而是傾向傾聽他人說話。不過要是身處在較少人的聚會場合，他就會完全不一樣，反而變成主動說話的類型。

這兩個都是「喜歡跟他人一起同樂」的人，可以說他們的類型很相似。而你是否也認為，他們對外表現出思考或情感的「行為」上，有明顯的不同呢？像這樣把「行為」與「思考」的特性個別加以分析，在對他人的認知理解上，是非常重要的事情。

經過布朗寧博士深入研究後發現，過去陳舊的特性診斷測驗，許多是把焦點放在「思考特質」或「行為模式」的其中一項，即便有些測驗含括這兩方面的分析，但大多數也認為「思考特質」跟「行為模式」是同一件事，時常將兩方混合在一起進行分析，並不將之視為獨立要件。

這部分讓布朗寧博士覺得很不對勁。當時「右腦型＝外放型的人」、「左腦型＝內向型的人」這種刻板印象廣為流傳，且早已是人們根深蒂固的想法。但在布朗寧博士的腦科學研究中，她發現「即使是右腦型的人，也有人不擅長與他人交往；左腦型的人，也有非常喜歡交朋友的類型」。

「一個人的思考過程，確實會依據各自的大腦特性而有所不同。然而，在思考過後產生行為的過程，難道不應該被歸類為另一種相異類型進行討論嗎？」這就是布朗寧博士的想法。

內心想什麼，難以從外表看出

「人類是一邊思考一邊行動的生物，因此思考特質與行為模式的結果，應該是同一種東西吧？」你可能會這麼想。不過請你再多加思考，事實真的是如此嗎？在你腦海浮現的各種想法，都會以行動如實呈現嗎？

只要是人，一定有過這種經驗。即使你內心覺得「我很討厭這個人」，但考慮到當時現場的氣氛，你很可能表面上還是保持微笑，嘻笑如常；或許也有過另一種截然不同的情況，也就是你明明心裡想著「我喜歡這個人」，但經常深藏不露，外表淡定地跟對方相處。

以上諸如此類的例子，我想任何人都會覺得是家常便飯、隨處可見。人際關係最棘手的地方，就在這一點。

你很難從外表看出他人內心深處在想些什麼，正是因為這個事實，導致人際關係變得錯綜複雜，人們的互動與溝通也更顯齟齬。

不過，若只憑肉眼，究竟能否以及從何處看出端倪呢？

答案就是人們的「行為」。例如，有些人會一股腦兒地將自己的想法說出來，你就會看出這個人應該是「自我表現性很強」的人吧！再舉個你經常會遇到的個性。有些人總是一味想反對別人的意見，你不免會覺得他是個「既頑固且沒有柔軟度」的人。

像這些眼睛看得到的觀察，並非來自於你看穿對方腦子裡「思考」的東西，而是在看到他講話或表現出的「行為態度」後，對這個人所作的判斷。「自己怎麼看待對方」、「周遭的人怎麼認定你」，從對於人們彼此的印象與看法來說，絕大部分可說都是用「行為」來判斷。

以上我所提及的例子，在生活中經常發生，人們或多或少都會碰上這些狀況。相信你應該很容易明白也能接受，人們的「思考特質」和「行為模式」必須各自分開考量。

若是想要確實地理解對方，僅憑著人們思考層面的分析還不夠充分。反之，倘若只是單純地依賴行為上的分析，同樣也不可能完全理解一個人的真實樣貌。

溝通的複雜來自大腦結構

長久以來，為什麼人類總是會為了溝通而煩惱呢？我們可以從以下的一些面相理解箇中原因。

一九五〇年代，保羅．馬克萊恩博士（Dr. Paul Mac Lean）倡導一項名為「三重腦理論」的學說。他依據此一理論，將人類大腦區分成三個層次。

第一層是位於大腦最深處的「爬蟲類型腦」的腦幹部分，與約兩億年前爬蟲類時代的演化有關。這裡是大腦中最原始的區塊，也被稱為「反射腦」，主管著人類的生命中樞，包括呼吸、體溫調節、心臟跳動等生存最低限度的機能。

包圍腦幹外側的第二層，被稱為「原始哺乳類腦」的大腦舊皮質系統，與約一億五千萬年前原始哺乳類演化有關，也被稱為「情動腦」。這個部位的大腦主掌著人們的食慾、性慾、喜怒哀樂，以及與他人互動等與情感面相關的部分。

最後覆蓋在最外側的第三層「新哺乳類腦」的大腦新皮質，是人類演化至靈長類時，才發達的大腦區塊，也被稱為「理性腦」。這個區塊只有包含人類在內的一小部分動物特別發達，擁有「用理性控制感性」的機能。正因為這個大腦區塊的機能作用，使得人類與其他動物有了決定性的差異。

無可諱言，其他哺乳類動物同樣也擁有感情。小狗在高興時會搖晃著尾巴，小貓則是喉嚨部位會發出咕嚕咕嚕的聲響，不過和人類有著極大差別的地方就在於，貓犬或是其他的動物，不會想要抑制感情。我想絕對沒有人會認為，小狗會自己覺得「雖然現在真的很開心，但此時此刻我應該要忍住，不可以搖尾巴。」只要看到小狗搖起尾巴，那肯定是牠很高興的時候。

正因為如此，絕大多數的動物只要觀察牠們的行為，就能完全明白牠們正想著什麼，處於何種情緒當中。

反過來說，也由於人類的「大腦新皮質」比其他動物發達得多，才得以做到用理性控制自己的感情和外部行為。當遇上主管硬是要把工作推給你時，腦袋雖然想著：「他真的很討厭，我已經快要累死了……」但你嘴裡還是會說出：「我很樂意啊！很高興有機會做這件事」等場面話，這就是因為人類的「理性腦」相當發達的緣故。

的確是因為大腦發達的關係，才使得人類的思考特質進化了。然而，同時也由於理性掩蓋了人們真實的內心想法與思考，才使得想要理解他人變得困難重重。當彼此處於相互不清楚對方到底在想哪些，真正的意思是什麼的時候，溝通又怎麼會容易呢？

因此倘若想不誤解他人，必須著手分析和觀察對方的「思考特質」和「行為模式」。換言之，如果你根本不在意別人的「思考特質」與「行為模式」，你註定很難了解對方。在盲人摸象的情況下，想要和對方有良好的溝通，甚至是建立好交情，幾乎可說緣木求魚。

大腦的構造

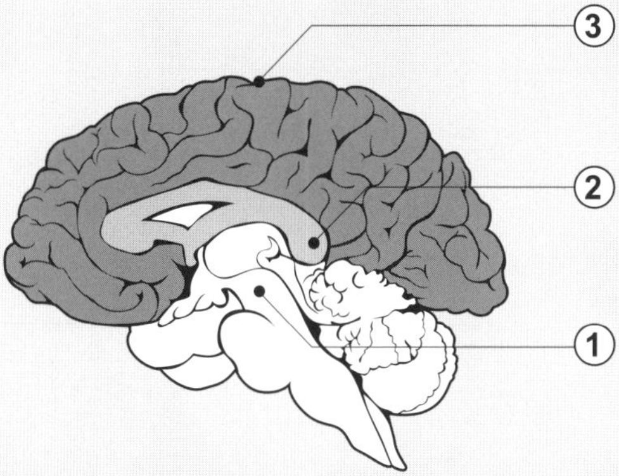

1 爬蟲類腦(反射腦)

扮演著呼吸及調節體溫等維持生命的重要角色。

2 原始哺乳類腦(情動腦)

與歡喜、悲傷之類的感情有關的部位。

3 新哺乳類腦(理性腦)

擁有知覺、認知、思考等智慧機能的部位,在哺乳類中以人類最為發達。

大腦構造依照保羅·馬克萊恩博士的「三重腦理論」,將大腦分做三個層次。

3 精準的診斷測驗，最強溝通科學工具

自從發現過往老套的個性診斷測驗的缺點，對測驗結果的真實性抱持疑慮的布朗寧博士，在經過一段長時間的研究後，計畫開創出一套從腦科學觀點深入分析「思考」與「行為」兩方面，並能正確解讀人們個性的診斷測驗工具。

「四種思考特質」×「三種行為模式」＝人類的個性

經過多方嘗試，歷經錯誤並反覆修正，布朗寧博士完成了能用「四種思考特質」與「三種行為模式」互相排列組合，以表現自我個性的測驗，它就是「全腦思維分析系統」。

布朗寧博士將人們的特性區分成「四種思考特質」與「三種行為模式」，列表如下：

【四種思考特質】

- **分析型**
- **結構型**
- **社交型**
- **概念型**

【三種行為模式】

- **自我表現性**
- **自我主張性**
- **自我調整性**

「全腦思維分析系統」的運作方式是，透過人們回答一百題的個性診斷測驗題目後，再經過科學化的步驟，藉此分析出一個人的性格特質。以下是測驗題目的一些範例，給讀者參考。

測驗題目範例(節錄)

1. 對於自己從事的產業應該往哪個方向走，擁有明確的願景。
2. 要做到自己認為完美為止。
3. 對有新技術的相關資訊有興趣。
4. 不在乎事物的轉移或變更。
5. 不排斥向他人說自己的私事。
6. 喜歡有規定或規則的工作。
7. 打從心底在意同學、同事或顧客的事情。
8. 會積極說出自己的意見或想法。
9. 從以前就一直在摸索某個問題的解決方法。
10. 非常了解身邊人的心情。
11. 感情不太外放。
12. 會依據縝密的資訊分析來判斷事物。
13. 為了避免與人發生衝突，什麼努力都願意做。
14. 喜歡為達成目的擬定計畫。

……等等。

當人們將上頁的問題回答完成後，再把問卷的結果輸入資料庫中，進行交叉比對。接著運用電腦系統，計算出一個人的「思考特質」和「行為模式」的精確數值，最後再以圖表的形式呈現，屆時你將能得到如同【彩色圖解四】的檢測報告。

為了讓大家能一眼分辨出各個思考特質的程度占比，這些不同的思考特質會以不同顏色的圖表加以區分——「分析型」為藍色；「結構型」為綠色；「社交型」為紅色；「概念型」為黃色，全腦思維分析是以這四種顏色呈現不同的思考類型。

全腦思維分析系統的方法力求準確與簡單明瞭，當然，在結果的顯示上亦是如此。以不同顏色區分，人們只需看一眼，就能輕鬆明白自己的個性在分類上屬於哪一類型。比方說，你會發現自己的「紅色很多」，換言之就是屬於社交型等等。因為顏色比文字更令人印象深刻，自然而然地，你也很容易記住自己的個性。

最新大腦科學，五十萬人資料庫的超強工具

還有一點相當重要，值得特別一提。相較於其他個性診斷工具，全腦思維分析最大的不同，除了是以大腦科學為基礎外，還以豐富的數據資料作為比對分析的根據。

截至目前為止，接受過全腦思維分析診斷的人數，已超過五十萬人。這形成了一個龐大的資料庫，在分析的同時，也有能力運用統計學技術計算出診斷的結果。

因此我們可以說，全腦思維分析是一套完全以科學為依據的診斷測驗工具。在美國，有一些專門審查心理分析測驗品質的評核團體，其審查的標準非常嚴格★，而全腦思維分析以高分通過了這項評核標準，客觀地證明了全腦思維分析具有相當高的可信賴度。許多全球知名企業之所以信任與採用全腦思維分析系統，也是基於它是一套深具科學理論根據，以及通過考核值得信賴的理由。

了解彼此個性，人際關係自然好

人們經常評價別人：「那個人的『個性』不錯。」我們也時常耳聞，在某些演藝人員的離婚記者會上，總不時提到「是基於和對方『個性』不合」的原因，才選擇分道揚鑣。但「個性」到底是什麼呢？

個性是由各種要素所構成。不過形成人們個性的主因，一般而論都來自「思考」、「行為」、「價值觀」等這三個要素建構而成。

在這當中，「價值觀」是項很難說清楚講明白的概念。想用科學方法來測定與分類，可說是極端不容易，因此我們能以邏輯分析的是「思考」與「行為」。如果能充分理解這兩者，就能正確認識一個人大部分的性格了。

★這個基準是美國教育學會（AERA）、美國心理學會（APA）、全美教育研究協會（NCME）等三個團體訂定的「The Standards for Education and Psychological Testing」。

針對上班族的相關調查指出，職場的人際關係占離職因素的百分之八十，明顯說明了許多人會因為某種人際關係而煩惱，或感受到巨大壓力而離開職場。

想讓人際關係自在輕鬆，最重要的是彼此互相理解，如此才能有效去除隔閡，不會因為相互猜忌而產生誤解。只要透過全腦思維分析所著重的「思考特質」與「行為模式」，就能確切了解他人的個性，甚至輕鬆理解對方的習慣，用彼此都樂於接受的方式進行交談、相處和溝通，人際關係自然會變得輕鬆許多。事實上，我經常從接受過全腦思維分析研習的受測者那裡，聽到許多「人際關係變輕鬆了」、「和別人見面聊天，變得比過去有趣多了」之類的熱烈迴響。

當我第一次接觸與學習全腦思維分析的時候，也同樣是這種感覺。讓更多人都能有如此愉快的感受，真是一件非常開心的事。

話題有點扯遠了，在接下來的章節中，就讓我們詳細看看，「四種思考特質」具體上到底是什麼吧。

Chapter 2

不懂思考特質，溝通就會經常碰壁

毋須改變自己，任何工作都可以發揮；
只需彼此了解，就能有良好的人際互動。

1 「概念型人」和「結構型人」的爭端

我在這一個章節，將會用現實生活中具體發生的實例，詳細解說人類的「四種思考特質」。

以下是我曾聽過的實際案例，相信在你工作的職場上，也一定經常發生類似的互動與對話。

當「豐富想像力」遇上「很在乎細節」

部屬：「經理，前幾天你給我的備用品表單似乎有缺漏……」

經理：「表單嗎？噢！下個星期舉辦研習會要用的東西？我最近會很忙，這部分就交給你去處理，隨便弄一弄就好了。」

什麼叫做隨便弄一弄？這實在很讓人傷腦筋欸……部屬只能在內心抱怨，

只好無奈地進一步追問經理：「那麼這個膠帶跟模造紙大概要多少才夠呢？還是麻煩您將實際數量告訴我，以便我好準備妥當。」

怎麼這麼囉嗦……經理也感到有些不耐煩：「那就各三份吧！」

部屬：「順便問一下，膠帶跟模造紙是用來做什麼的呢？」

經理：「咦？難道還得要我一一跟你解說嗎？」

講這什麼話呀！要是我沒問清楚用途，到後來出差錯你又要怪我！搞清楚不是比較好嗎？你很奇怪耶！雖然心中暗暗這樣想，部屬還是頗有耐心地問：「如果知道做什麼用途，萬一現場狀況改變時，我也比較好處理，不是嗎？」

你這傢伙真的很煩……經理按住性子說：「模造紙是讓現場的參加者，把自己想到的意象或點子，用繪圖的方式畫下來，而膠帶則是用來黏貼這些紙的。」

部屬：「這部分我明白了。不過這張表單上有十種備用品，有沒有哪些是一定要準備的，有哪些是預防萬一有狀況時才會用到的，您可否幫我標註一下優先順序？」

經理：「你在說什麼！沒必要做到這麼詳細的地步吧？」

上面的對話你覺得如何呢？或許你周遭如此極端的實例並不多見，不過我想類似主管和部屬這樣的對話，已到了有些雞同鴨講的地步。雙方因為溝通不順暢而感到焦慮的狀況，相信你應該不陌生，甚至自己就曾經親身遇過。

為什麼這兩個人的溝通會如此難以順利呢？原因就出在雙方於「思考特質」的差異。就某種意義上來看，這也是兩個人在個性上的差異所產生的「溝通落差」。

很明顯地，這位經理是典型的「概念型」思考特質。於此就讓我說明一下，所謂的「概念型」是怎麼回事，以及這類型的人外顯的特徵。以下是我所列出的幾個關鍵字——

・抽象且憑感覺

- **富創造性**
- **想像力豐富**
- **用直覺解決事務**
- **喜愛變化**

從這些個性關鍵字中，你可以很容易地歸納出，概念型人是一種最喜歡獨特或新鮮事物的類型。他們經常會表現出對新事物的強烈興趣，遇到從來沒有體驗過的事物時，總是躍躍欲試，想要自己挑戰看看才肯罷休。因為擁有豐富的想像力，這類型的人會源源不絕地產生新創意，所以也能說，他們「善於用想像力來掌握事物的整體形象」。

不過從另外一面來看，他們不擅長用邏輯理論來思考事物，也不喜歡按部就班地依照原定計畫進行作業。雖然腦海中總會不斷浮現很多好點子，但對於事務實際執行層面的程序、需要準備哪些東西等等，經常都被他們視為較為次要或根本無關緊要的事情。

相對來說，由於經理「概念型」的個性態度，使得內心經常感到焦慮與壓力的部屬，其實是個對細節程序非常在意的類型。他的思考特質被歸類為「結構型」。

這種類型主要的關鍵特質如下——

- **重視實用性**
- **拘泥細節**
- **擅於計畫**
- **重視規則、秩序**
- **對新事物態度謹慎**
- **很珍惜經驗或傳統**

結構型人生性非常務實，比起談論一些無邊無際的創意夢想，他們更偏向思考與重視「這件事是否有可能實現」。事前擬訂計畫，並按照程序進行是這類型的人明顯的特徵。要是突然改變既定計畫，或者發生了預料之外的狀況，就會讓他們心生抗拒。

結構型人總是習慣在行程表上，填寫每天預定的計畫安排，有的甚至還會詳細到以一個小時為單位。在「待辦備忘表」上，他們也多會仔細填寫各項任務工作、目前的進度，以及接下來還有哪些要準時完成的事，這可以說是結構型人最顯著的行事風格。

經過這般對於「概念型」和「結構型」的說明後，你應該已經明白，剛剛提及的實例，經理和部屬溝通對話的問題所在，以及部屬之所以感到焦慮的理由了吧。對於一個看重細節與執行程序的部屬，經理「隨便弄」的指示，除了讓他覺得不可置信之外，也對後續的處理有所擔心。

結構型人的作風非常一絲不苟，認為嚴格遵守規定理所當然，是根本不用多想的事情。因此他們對於那些有著「不遵守截止日期」、「到了截止日前還不動手」等行為的人完全無法理解，甚至深惡痛絕。

此外，結構型人在判斷事物時，大多會以自己過去曾經有過的經驗，作為判斷的基準。「曾經做過」對結構型人來說，是最能令他們安心的依據。

換句話說，他們對任何新想法、新作法的採用，會抱持比別人更謹慎的態度。由於把目光焦點集中放在事情的細節部分，相對來說，結構型人的思考特質，較不擅長以宏觀的角度來看待與掌握事務。

思考特質不同，經常難搭線

或許你已發現「概念型」人屬於右腦派，而「結構型」人屬於左腦派。從我剛剛舉的實例和各種觀點說明，也能理解這兩種類型的思考與個性南轅北轍。

屬於概念型的經理，對細節部分根本不看重，也壓根不想做那些事。說得極端一點，他甚至覺得「那只不過是些芝麻小事，我幹麻要理會」。因此即使備用品清單上有一些疏漏，他也全然不在意，還會認為到了現場再說，船到橋頭自然直，總會有辦法解決的。

再進一步說，這位經理的心思應該都放在「研習時我該準備說些什麼話」、「可以怎麼規畫設計，讓參加者感到驚艷」、「還有什麼創意想法是可以採用的」等諸如此類的創意思考，他的腦袋早已被這些想法占滿了。

反過來看，對結構型的部屬而言，活動舉辦時需要用到的物品如果沒能事前備妥，當天的程序若缺乏仔細的計畫和查核，那麼活動就不可能順利地推動。因為內心強烈地想要避免發生預料之外的事，於是就連「當天若是少了枝筆該怎麼辦……」這種事，對那位部屬來說，都是令他感到非常不安的來源：「叫我隨便弄一弄，萬一發生了什麼意外該怎麼辦？」結構型人總認定不管什麼事都應該要事先準備，缺少了預防措施絕對是不可靠的。

順道說明，要是你臨時起意想約結構型人，正打算跟他說：「今天要不要去喝兩杯，一起開心地聊一聊」的時候，請你要先了解結構型人對這種突如其來的邀約的感受，不然萬一最後遭到婉拒，你很可能會有自己是在熱臉貼別人冷屁股的感覺。

結構型人對於邀約沒有展現熱情，甚至還可能拒絕，並不是因為他討厭你或不想和你去小酌一番，只不過是因為「今天沒有預定做這件事，而且自己老早習慣有所安排，不希望自己的計畫被打亂」的這種心情，而讓他做出如此反應。即便他沒有拒絕你，但內心很可能會覺得「你怎麼不早一點約呢……」所以若要邀約結構型人，請特別注意這一點。

特質不同，各自都有優點強項

無論是哪一種類型的人，他們擁有的個性很多時候有人認為是優點，也有人覺得是缺點，這完全是見仁見智的觀點。

比方說，工作職場中不乏有概念型人，他們慣常會不間斷地思考能打破現狀的新點子。當然，運用嶄新想法與創意，創造出讓人意想不到的企畫案或商品，有著為公司注入活力的效果，也可能帶來新商機。

就反面而言，也會有人覺得「概念型人的思考實在太跳躍了，很難讓人跟上」，尤其是重視現實執行面的結構型人，總認為概念型人「老是講一些脫離現實，不負責任的空談」。

結構型人也有不容忽視的強項長處，他們對於一些人們容易忽略的小地方都很仔細，也能掌握整個團隊的工作行程，完成時限的要求，會把已經決定的事項安排在工作行程中，確實執行。他們可說是團隊中相當可靠的夥伴。

然而，和概念型人重視整體而不是細節的缺點，人們也會覺得，結構型人「只在乎一些小細節」、「掌握不了整體全貌」。

此外，由於不擅長臨機應變處理計畫外的突發事件，也會給人「頭腦僵化」、「缺少柔軟性」的感覺。尤其是概念型人的看法，會覺得他們「只會照本宣科，完全沒有彈性，是無聊透頂的人」。

兩個人會雞同鴨講的原因，就是來自「思考特質」的差異。

結構型與概念型的不同特質

結構型

- 重視實用性
- 會認真閱讀說明書
- 對於新的想法態度謹慎
- 偏好可以預測的結果
- 會依自己的經驗去判斷
- 行動有跡可循
- 務實的
- 擬定計畫並如實執行
- 保守的

概念型

- 具創造力
- 創意會直覺地浮現
- 視野較廣
- 喜歡與眾不同的事物
- 會做各種嘗試
- 想像力豐富
- 喜歡非日常的事物
- 用直覺解決問題
- 喜歡挑戰新事物
- 夢想很大
- 容易膩

結構型擅長事務執行層面，概念型有優秀的發想能力。

2 「社交型人」和「分析型人」很難說得通

我們再來看一段對話實例，這也是在你工作的職場上，經常會發生的戲碼。

主任：「前陣子提過的那件事需要討論一下，總之先把大家集合起來開會吧。」

部屬一頭霧水，不知道經理的「總之」是啥意思，只好問：「開會的目的是什麼？是為了決定什麼事，如果不說清楚的話……」

主任心裡想著，我只不過想找大家來集思廣益一下，哪需要什麼目的，回說：「還不到做決定的階段，但我想跟大家討論一下，看看那個企畫想法是不是有發展的可能性，大家在討論後也許會有好點子。」

部屬：「我認為不設定目標的會議是沒有意義的。沒有明確的目的，就無法準備必要的資料。」

主任：「怎麼會這樣說呢？大家集合起來彼此提出與交換意見，本身就有很大的意義。」

老是這樣，浪費時間！部屬心中暗自埋怨回說：「那至少也要決定一下開會時間多長吧。三十分鐘？還是一個小時呢？」

我哪知道需要多長時間！主任不怎麼高興地說：「這種事，就算我決定一個小時，要是討論熱烈，也可能需要多點時間吧？把大家找來一起討論就會白熱化！你就那麼討厭和大家一起開會嗎？」

當「重視人際關係」遇上「很看重效率」

和前言中的案例❶相同，這也是一個溝通不良的典型狀況。談話的雙方都覺得對方是「講不通的傢伙」。這個案例中，主任的思考模式屬於「社交型」。

這類型的人的外顯關鍵個性有以下幾點——

- **重視人際關係**
- **社會性強**
- **感性的**
- **容易有同情心**
- **喜歡團隊作業**
- **習慣在他人身上學習事物**

從這類型的名稱「社交型」，我想你很容易就能猜中，他們最重視的就是與別人的聯繫交流。

雖然社交型的人尤其重視自己的想法，但他們更想知道周遭的人怎麼看待自己的想法，甚至是如何看待他這個人，會不會肯定或不能接受自己的看法？他們非常在意「別人是怎麼想的」，這可說是社交型人最明顯的特徵之一。

此外，相較於其他類型的人，社交型人對旁人的心情變化更是敏感得不得了，很容易產生同理心，能設身處地為別人設想，移情作用對於社交型人來說，簡直是易如反掌的事。

更值得一提的是，比起一個人獨自埋頭苦幹地工作，社交型人尤其喜歡找來更多人一起合作、共事，對他們來說，這樣的工作方式更有樂趣。他們認為「三個臭皮匠，一定能勝過諸葛亮」，只要大家共同集思廣益，必然能找到更好的解決方法。

相對來說，要是長時間獨自一人默默地在辦公桌前做事，就會讓社交型人感到難過，甚至覺得痛苦不堪。他們喜歡大夥一起互動合作，把事情辦妥。此外，在自我提升的學習時，他們也都不改本身個性，與其自己安靜地閱讀課本或相關指導手冊，社交型人更常坐不住地去請教他人，他們更喜歡透過彼此討論的方式來學習。這也是社交型人典型的作為。

從我剛剛的說明，已經為實例中那位主任之所以一味地想要開會解開了謎題，我很有把握地相信你已經有了答案。

你猜的沒錯！剛才所提的那個主任，就是典型的社交型人。由於自己喜歡與他人合作的感覺，才會想要找相關部門的同事一起討論。他自己也相信，透過開會的互動，絕對是正確的方法。甚至認為大夥一起作業、交流、研討及共享一段時光的這件事情，本身就已經非常有意義了。光是從這個層面來看，會議的主要目的早已具備，至於需要花多少時間、是否真的能得到具體結果等問題，對他來說都無關緊要。

我們當然也要提一下另一個角色，也就是屬於「分析型」的部屬。這種類型的外顯關鍵個性有如下幾點——

- **講求理論性**
- **講求根據**
- **數字能力強**
- **客觀**

・重視效率

如同上述的這些關鍵個性，分析型人的思考模式，擅長將一切事物都建立出理論結構，非常講究根據地引導出最終結論。他們的根據都來自於「客觀的資料」、「科學的理論」等具有高信賴度的文件或學理。

對分析型人來說，報表數字所呈現出來的數據，才擁有可信賴度，經過客觀與科學研究所得到的資料才牢靠，這根本是無庸置疑也不需要討論的事情。

他們相信有明確事實為基礎的事物，對於缺乏明確依據的傳聞，或是他人的幻想一點興趣都沒有。要是遇上有人講話前後不一、產生矛盾的時候，他們會是最先指出來的那一種人。

除此之外，分析型人對任何事情都極端重視效率，也看重最後的結果是否有成效，所以他們對很可能徒勞無功、白忙一場的事感到極度排斥。

從這些分析型人的特徵，你就會明白，那位部屬之所以會逼問主任「會議目的」、「時間限制」的理由了。這是思考特質的個性使然，分析型人只要不把「為什麼做這件事」的目的弄得水落石出，他們會馬上顯得興趣缺缺。

沒完沒了的電郵往返

看完上述說明，此時你應該能想像，「社交型」人屬於右腦派，而「分析型」人屬於左腦派。這兩者可說是一種完全不同，有著明顯對比的個性。

就拿這個實例來說，社交型主任認為，人與人的交流互動本身就存在著相當大的意義，能否藉此會議討論出結果，對他而言是比較次要的，因為他相信「只要大家集合在一起，必然會有好事發生」。

這類型的人非常喜歡與他人的話題產生共鳴，也樂於一邊從旁看著別人工作，自己從中一邊學習，如此才會得到工作成果。所以當全組人員齊聚一堂一起工作的時間越長，對他們來說，工作就更會變得容易、變得更有趣。

另一方面，對分析型的部屬來說，「目的」、「效率」才是最優先事項。

他內心的真實聲音，應該是不想做徒勞無功的事，不想把時間花費在無謂的事情上頭。對這類型的人來說，沒有明確的目的就把大家聚在一起開會，完全沒有意義。

對時下的職場工作者而言，利用電子通訊軟體來聯繫事宜可說是相當普遍。倘若是社交型個性的人們，彼此開始寫ＬＩＮＥ或電子郵件時，就很難停下來，因為兩人都會沒完沒了地持續回覆對方，即便原先要討論的事項明明早已有了結論。對社交型人來說，繼續保持聯繫也沒什麼問題，他們認為，回覆對方本來就是用來維繫情感，是非常有意義的。

不過從分析型人的角度來看，可能就不是這麼一回事了。他們反而會覺得「幹麻把時間花在這種毫無意義的事情上……」對分析型人來說，任何的通訊軟體都只是用來聯絡要事的工具與方式，當對方已經收到自己想要傳達的資訊，或者彼此的討論有了結果，那麼這件事已經達到目的，沒有必要再繼續下去。完成目的就足夠了，這個概念對分析型人來說很重要。

冷漠無情的批判者

正如我曾說明過的，無論哪一種類型的人，若是你從不同觀點來看，都會成為長處或短處。分析型人和社交型人當然也不例外。

例如，職場上的任何場合或團隊一起工作時，若有社交型人參與，就容易傾聽大家不同的聲音。他們是可以商量事情的人，也多能扮演好潤滑劑的角色，使得彼此的人際關係更為圓融、平和。

反過來說，社交型人的個性也容易產生移情作用，對於自己有強烈想法的事情，會非常在意別人怎麼想。從其他人的角度來看，總覺得很不可思議，容易感到莫名其妙地認為：「你幹麻那麼在意啊？」

無論什麼情況，社交型人總想要聽取別人的意見，也因為這個緣故，會被認為「那你自己是怎麼想的？」、「你也太優柔寡斷了吧」。

然而，倘若現場有分析型人的話，由於他們是重視分析客觀事實的思考類

社交型與分析型的不同特質

社交型

- 重視人際關係
- 重視社會性
- 容易同情他人
- 與他人產生共鳴
- 多由他人身上學習
- 喜歡支援他人
- 感性的
- 有同情心的
- 用直覺判斷他人
- 喜歡團體工作
- 遇到不懂的事情會先請教他人

分析型

- 明確的思考
- 用理論的方式解決問題
- 數字能力強
- 理性的
- 用分析法學習
- 喜歡找出事物來源或結構
- 信賴專家的研究結果或資料
- 覺得矛盾或無法接受的事情會追究到底
- 會確實分辨好處、壞處

社交型喜歡人際間的互動，分析型則重視客觀事實的思考。

型，所以對這種凡事都要聽聽看在場其他人的見解的作法，會感到焦躁不安，覺得「純屬個人意見，分明沒有任何可靠根據，在乎那些說法有什麼用！」

不過，分析型人也有他們的效用。因為有他們的存在，無論任何問題都有辦法找出理論上的解決方案，同時也基於顯示出可信度很高的根據，讓所有人皆能信服與接受。假設在會議進行中，若是出現了什麼矛盾之處，他們也會立刻指出來，如此便能很快防止討論的話題偏離主題目標。

分析型的思考，在他人看來，經常給人不通人情，對旁人近乎冷漠的印象。尤其對於重視人與人之間連結的社交型人而言，會深深地感覺到「大家好不容易聚在一起，幹麻盡說些目的、效率什麼的冷血話。這種言論只會澆熄大夥的熱情，不是嗎？」

其實分析型人還不僅讓人感覺無情、冷漠而已，他們在平常與人對話時，也經常傾向質問對方「為什麼」、「你根據什麼理由」，於是有時被其他類型的人認為「這個傢伙真是難相處」。

3 同樣是「左腦派」或「右腦派」也會有差異

從前面的幾個實例與多方的說明，再讓我們重新整理一下，你將明確發現，「分析型」、「結構型」都是屬於「左腦部位」，而「社交型」、「概念型」則能歸類為右腦部位。乍看之下，你或許會誤以為，同樣是左腦部位的人，以及同樣是右腦部位的人都是相同的類型吧。然而，即使一樣身為左腦或右腦，也存在著相當明確的差異。

你是否還有印象，記得在第四十一頁我曾說明過的「抽象腦」和「具象腦」嗎？

正如我前面提到過的概念，在全腦思維分析系統的科學研究中，並不認為人類的個性單單只有區分為「右腦」和「左腦」這兩種而已，而是還要另外再區分出「抽象腦」、「具象腦」，成為「四等分部位腦」。你可以參考這本書第八十四頁的圖表，在上半部分是「抽象腦」，而下半部分則是「具象腦」。

說到這裡，你或許感到有點難以理解，那麼接下來，就讓我簡單說明這四種類型在思考時的特質差異。

「分析型人」習慣看整體，「結構型人」則重視細節

首先來談談左腦型的「分析型」與「結構型」有什麼差異。

雖說這兩種類型個性的共同點都很在乎數字，但分析型是「抽象腦」，他們最想要掌握的是「數字的整體樣貌」，而結構型的「具象腦」，則是連「詳細的數字」都看得很重要。

舉個例子來說，分析型人覺得，只要確認「這一季整體團隊有五千萬元的營業額，就能使獲利達標」，那麼一切就天下太平了。知道「達成目標的根據」，就算不清楚詳細數字也沒有關係。

四等分部位腦

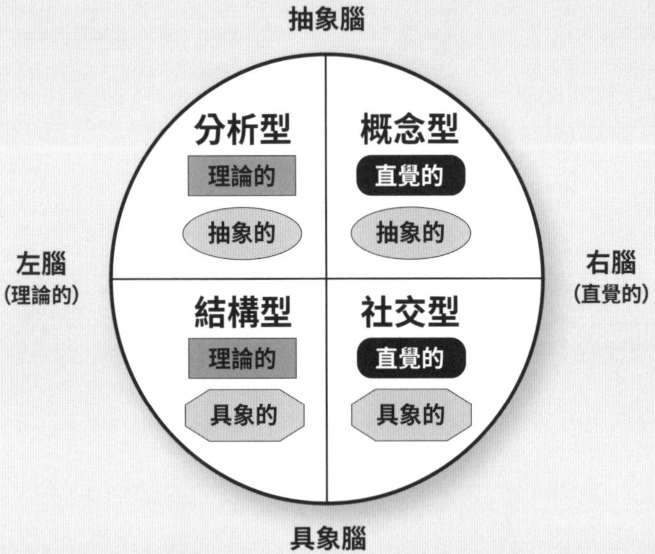

在全腦思維分析中，腦內的四個部位分別代表不同思考特質。

結構型人則不只這樣想。為了達成營業目標，他會思考與管理每一個成員的平均責任營業額該有多少，又或者「距離目標還有三百萬元的差距」等更詳盡的數字。

從上面的例子，我們能清楚地看出，分析型人與結構型人的差別，就在於「掌握整體樣貌，把數字當成客觀資料來分析就足夠」與「連數字的進度、狀況，都得要親自管理才會滿意」。

分析型人的思考認為，只要整體概念確定的話，數字的細節管理可以另外找人做。比方說，雖然會想要知道「自己的存款餘額」的正確數字，但帳目上支出與收入是否完全吻合的這種金錢管理細節，就讓銀行代勞就可以了。

相較於分析型人，結構型人則認為「只有自己才能有效管理存款餘額」，也因此他會擬定「每個月存下五千元」的計畫，並依計畫確實執行。若在一年之後，按照預定，餘額增加了六萬元，那麼他便能得到滿足感。

「社交型人」在乎的是人，「概念型人」有興趣的是事

同樣是右腦派的「社交型」和「概念型」，也有明確的不同。

例如，屬於「具象腦」的社交型人，非常看重人與人之間的關係，不過屬於「抽象腦」的概念型人，則對事物樣貌的興趣更勝於人際關係。

比方說，在一個企畫討論會上，社交型人所在意的是別人會怎麼看待、評價自己的意見與想法？對方的感覺如何？但概念型人則比較不在乎別人怎麼想，而是把注意力放在自己的創意與想法上。比起旁人的意見，他更在乎這個創意本身是否夠奇特、夠有趣。

以上說明的是，四種類型的人大致上的特徵，而這些特徵都歸納在本書的【彩色圖解一】。

當你萬一不知道該如何辨別時，可以按圖索驥，參考看看。相信只要多加觀察，就能純熟地分辨這四種特徵。

人的思考特質，如何決定？

最後，我必須再補充說明一點。雖然我在前面的說明當中，都十分明確地區別四種類型的人各自不同的特徵與優先思考取向，這是為了讓各種特質間的差異較容易被理解，才姑且使用這種表達方式。

實際上，在全腦思維分析系統中，並不會一概使用「分析型人是……」、「分析型就是……」、「因為是分析型，所以……」等的區隔表現方式。

你可以參考【彩色圖解四】，這是一個實際的全腦思維分析系統診斷測驗所得的結果。在這張圖表中，你能清晰看到，受測者的個性分析結果是「三十一％的概念型」、「二十七％的分析型」、「二十七％的社交型」及「十五％的結構型」。

全腦思維分析系統將二十三％以上的思考類型稱為「優先思考取向」，意思是個性想法偏向於這種類型。拿這個案例的分析結果來看，概念型、分析型、社交型三方面的指數都超過二十三%以上，可說此人同時擁有這三種特質。

這是全腦思維分析系統的核心概念：「任何人都絕對不會只擁有一種特質。對大多數人而言，會擁有兩種到三種的思考特質組合。」

更進一步地說，有些人的優先思考組合同時是左腦派的「分析型」與「結構型」，也有人的思考組合是兼具左腦派「分析型」與右腦派的「社交型」，無論哪一種的個性組合，都有可能發生。

或許你正懷疑地想著：「是否有人四個類型同時是優先思考特質呢？」你的想法一點都沒錯！在全腦思維分析系統三十年以上的診斷測試經驗裡，確實曾有人同時擁有四種優先思考取向，亦即四種類型的指數都超過二十三%以上，而這種機率約占測驗人數的一%。

正是因為每一個人都有各種思考個性的組合，才導致人際關係的複雜化，以及溝通上的不容易。

全腦思維分析系統能將這些複雜的思考個性，運用科學方法，以明確的數據呈現出來。讓人們得以了解自己的本性是哪一種思考類型，是正確掌握每個人所屬特質的有效科學工具。

藉由全腦思維分析系統，你將明白自己的本質個性，也能發覺別人是哪一種思考特質。

透過彼此相互了解，便能掌握與他人溝通時該用什麼方式，對方在乎哪些、不看重什麼，如此可以有效化解不必要的誤解。

甚至透過體貼對方的思考個性，讓人際關係變得更融洽，對於提升企業管理、營運績效有很大的作用，無怪乎有那麼多的頂尖企業，會把全腦思維分析系統作為內部管理的重要輔助。

4 想要提升溝通能力，勉強就註定失敗

從過去到現在，幾乎所有的特性診斷或心理測驗，除了分析一個人的性格傾向外，還會附帶做出「因為你缺乏社交性，請你要如何如何地自我修正」這種結論，我想這樣的經驗很多人都遇過。

為了改善人際關係與自己的處境，奮力勉強地想做到個性特質的自我改造，最後的結果是無法改變自己，和別人的關係依舊無法有效進展，挫折、沮喪、辛苦甚至痛苦成了唯一的收穫。

勉強改變自己，效果無法持續

在我的實際經驗中，也看過參加全腦思維研習課程的學員，很多人都說「想自我改造」、「一定要想辦法改變自己的個性」。但請你冷靜思考一下，假設

有個人根本不擅長與別人交際應酬，卻必須壓抑自己的特質，勉強地經常和他人交流，這個人是不是一定會日日承受極大的精神壓力呢？這樣的生活又怎麼會不痛苦呢？

一味勉強改變自己，確實有機會使溝通變得順利些，但這樣的努力有辦法持續一輩子嗎？

再說，為了讓自己能獲得更好的人際相處，卻必須在日常生活中一直做些自己很不喜歡的事，對任何人來說就只有痛苦。甚至因為不符合自己的個性，到了後來也無法持續維持溝通品質。既然如此，我們何不學習把自己的「強項」運用在人際溝通上呢？

全腦思維分析系統不會把每個人各自擁有的特質當成是「優點」或「缺點」，而是代表某個人的個性。無論在他人眼中看起來如何，這項個性在全腦思維分析系統中，都認為是那個人的強項，因此不會做出像是「概念型人比結構型人優秀」的這種比較或論點，當然也就不會有「因為你缺乏社交型思考，所以請在這方面多多努力增加吧」的這種建議。

學習發揮自己強項的溝通方法

全腦思維分析系統的作用與目的，在於幫助人們正確了解自己與他人。只要能確實做到這點，就能認知「自己雖然這麼想，不過他應該會是那樣想」，於是與別人的相處自然而然有所改善，人際關係很快就會輕鬆許多。只要能正確理解自己與對方，就能找到最好的相處方法，不用努力改變自己，溝通能力也能有顯著的提升。

全腦思維分析系統是透過發揮自己的強項來改變及矯正一個人，主張只要強化一個人的特質，就能做出改變。

社交型人有社交型的強項、分析型人有分析型的強項，各自發揮自己的優點，改變將會自然發生。

為什麼成年人改變不了自己？

實際上，當人們長大成人後，就很難改變自己了。我們可以從大腦科學研究中得到證實。

從大腦的成長過程來看，這是一個顯而易見的事實。請你參考第九十四頁的大腦神經細胞元的圖示，圖中呈現的是一種稱為「突觸」（synapse）的腦細胞之間的神經連結。大腦裡有一種「神經元」，它是進行資訊傳遞與處理的神經細胞，而把這些神經元彼此連結在一起的，就是突觸。

突觸會因為人類接觸新的經驗，或由於外來的刺激而增加。因此人們才會說話、會學習，以及能做各種事情。

剛出生的嬰兒，突觸數量雖然只有一點點，但會藉由經驗而累積增加。到了六歲時，大腦神經細胞的突觸就會到達最多的狀態。然而，過了六歲之後，成長階段開始進入判斷與逐漸消除「生活中並不需要」的突觸的「修飾」階段。

大腦神經細胞元

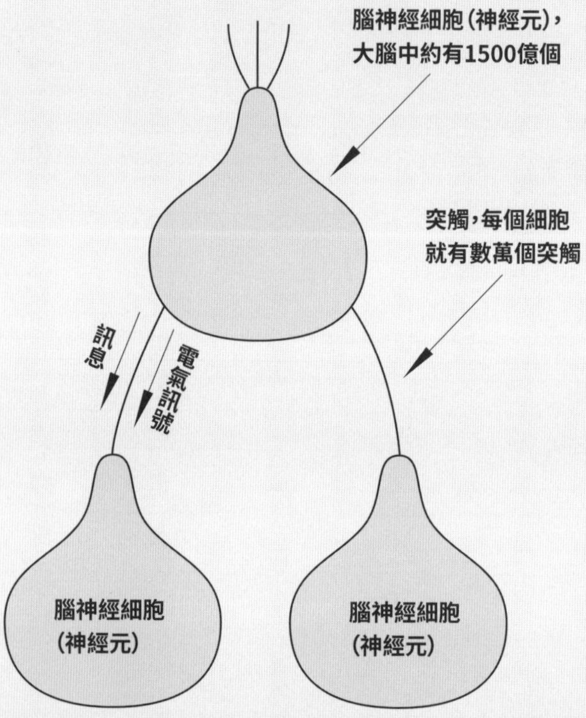

成年人不容易改變習慣，是因為「突觸」固定化所致。

神經元是非常柔軟的組織，隨著年紀增加，它會漸漸變硬、變粗，而產生「髓磷脂化」（Myelin）的現象，類似絲綢的東西變成了銅線或光纖的模樣。一旦神經細胞之間的聯繫變硬，思考或行為模式也將固定下來。

長大成人以後，人們對擅長事物的處理能力越來越快，不過在另一方面，思考方式和行為習慣的修正將變得越來越困難，原因正是出於這個道理。

在全腦思維分析系統的課程中，經常會提及這樣的比喻：假設你從小就討厭番茄，倘若在長大後想要試著克服，此時就必須一面念著「番茄很好吃」，同時還要一天照三餐地吃，而且持續三個星期以上，如此新的突觸迴路才可能被製作出來，你的腦袋才有機會萌生出「搞不好番茄真的很好吃」的想法。

自己厭惡的食物要連續吃上三個星期，而且還是每日三餐不可中斷！我想你一定會判定，這絕對是一項生不如死的嚴重酷刑吧！

成人要改變自己就是這麼困難，而且是一項很大的負擔。

不用改變，一樣有良好的人際關係

每個人都是完美的。

這是全腦思維的基本概念。因此，就如同【彩色圖解四】的圖表所示，一個人的思考模式都是以圓形（百分比）來表示，並沒有任何不完美的地方。

與其勉強自己去改變，不如好好發揮天生的遺傳因子加上經驗累積而成的特質，這樣豈不是更加務實、積極呢？

無論你符合這四個思考特質的哪一種，不管你周遭的人多是哪一種類型，全腦思維分析都能讓人們發揮各自的強項，使你擁有良好的人際關係。

5 發揮自己的特質強項，任何職業都能成功

在這一章的最後，我還有一件事必須清楚告訴你，那就是「適合○○型的職業並不存在」。

同樣地，「沒有只適合○○職業的特性」。

適合你的職業是什麼？

「適合分析型的工作是什麼？」

「什麼職業適合屬於社交型的我？」

「想要成為經營者，需要具備什麼樣的特質？」

在研習課中，不時有人會這樣問我。

乍看之下，或許會讓人覺得職業與思考特質有關係。但全腦思維分析系統認為，「職業的適性」與「思考特質」一點關聯都沒有。反過來說，也表示無論什麼類型的人，都能從事任何種類的工作。

數字能力不出色的明星級稅務專家

有一位到研習班來上課的男性稅務士，同時擁有「社交型」與「概念型」的特質，當你讀到這裡時，可能心中會浮現：「稅務士是專門處理數字的工作，應該是分析型或結構型的人比較適合吧？」確實，以稅務士來說，擁有「分析型」、「結構型」傾向的人較多，但這不全然表示「社交型」、「概念型」特質的人，就不適合當稅務士。

這位稅務士告訴我，在正式取得稅務士資格之前，他都非常辛苦地學習各種專業課程。他甚至很明白地表示：「即使現在當上了稅務士，我依然對稅務申報等作業感到棘手。」看起來他似乎真的不太擅長處理詳細數字。實際上，這個人現在是許多知名企業經營者的稅務顧問，同時還是甚多公司爭相邀請，希望他可以幫忙的稅務專家。

為什麼他能成為廣受歡迎的稅務士呢？經過我的了解，是因為他成功地發揮了本身擁有的「社交型」、「概念型」的特質。事實上，這位社交型的稅務士與企業經營者們，有著超越工作之外的密切往來。

不僅如此，由於他還兼備了能掌握整體概況，想出各種創意的「概念型」強項，非常擅長與經營者共同描繪公司未來的模樣。也正是這個理由，在公司的整體經營上，他能廣泛地接受企業主的諮商。雖說稅務申報對他並非是這類型人的強項，不過他工作的最大動力，就是看見來自經營者與員工們的喜悅表情，而這正是社交型人最在乎的事。

「社交型」與「概念型」的特質，就算是稅務士這種偏重數字處理能力的職業，也都能成功被發揮。

從這個實例來看，我們可以思考，特質和職業適性並沒有絕對關係，這也印證了全腦思維分析系統的概念與正確性——「跟人際關係一樣，不論思考特質屬於哪一種類型，都可以將自己的強項充分發揮在工作上。」

好了，我想藉由這一章的說明，你應該對「四種思考特質」有相當的理解。也明白了無論你是哪一類型，只要清楚自己的強項且充分發揮，就能把事情做好，在人際關係上也將有戲劇性地改善。

在下一章，我們就來詳細探討「三種行為模式」吧。

Chapter 3

說不通？合不來？行為模式差異的溝通障礙

不好相處的真正原因是什麼？
全腦思維分析幫你找出真正答案。

1 「自我表現性」——展現自我的程度

「想法雖然很接近，卻老是感覺不太合得來，怎麼會這樣呢……」我敢肯定地說，在你的生活周遭，一定有某些人曾讓你有過這種不開心的感覺，並且還非特例，對吧？

為什麼有些人總是合不來？

我曾在第一章和你說過，倘若缺少一併分析「思考」與「行為」這兩件事，就很難完全真實地理解一個人。

在人際關係上，經常看到人們在想法概念上很類似，也就是思考特質同類型的人，但在彼此相處和溝通上，還是會產生鴻溝，給人的印象是兩個人「好像不怎麼合得來」。之所以會有這樣的狀況發生，原因出自於雙方有著不同的行為模式。

接下來，我將於本章中詳細解說，在全腦思維分析系統中，人們會有的「三種行為模式」。

十年後的偶遇，你會怎麼做？

在進入正題解說前，雖然有點冒昧，但還是容我請教你一個問題。

假設有天當你獨自一人走在車水馬龍的大道上，準備去上班，突然瞄到馬路對街的人行道，出現了大學時代的同窗好友田村，你們已經超過十年沒見面了。過去念書的時候，你和他交情特別好，可說到了無話不談的境界，其他同學都說你們是一對死黨。

不過，這是一條大馬路，車流量很大不說，一旁人行道擴來熙往的人潮也多到不像樣。

以下兩種行動中，你會選擇採取哪項作法，作為接下來的行動反應呢？

☑ 行動選擇一

「喂～～～田村！好久不見！」你會像這樣一面大聲呼喊，一面朝著馬路對面的田村揮手，吸引他的注意。

☑ 行動選擇二

「啊，那是田村，好久沒聯絡了……」你會這麼想著，但覺得「在人這麼多的地方大聲叫喊實在很丟臉，還是當作沒看到吧……」於是就這麼地默默走開了。

在上述選項中，毫不考慮回答採用「行動選擇一」的人，在全腦思維分析系統的行為模式中，屬於「自我表現性強」的類型，他們會明顯地將個人行為表現出來；相反的，回答會採用「行動選擇二」的人，則是偏向「自我表現性弱」的類型。

在全腦思維分析系統中，所謂行為模式的強弱，是利用「偏右」、「中間」、

自我表現性

□安靜	□喜歡受注目
□內斂	□不怕生
□偏好人少場合	□喜歡熱鬧
□喜歡安全地方	□活潑
□喜歡獨處	□經常比手畫腳
□冷靜	□愛講話
□避開他人注目	□開放的
□內向	□外向
□感情不外露	□感情表現豐富

自我表現性代表向他人或周遭的展現程度。

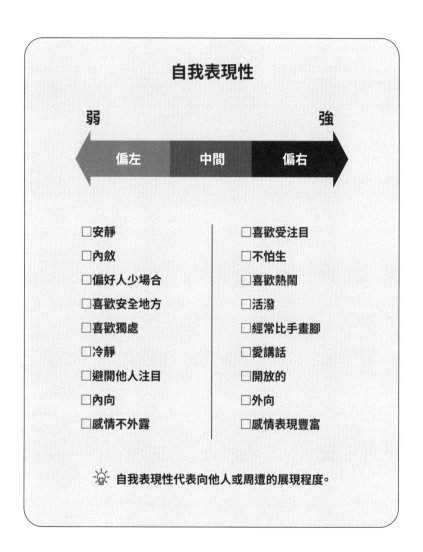

「偏左」等三種區分來表示，你可以參考本書第一〇五頁的圖表格式。

過去一般的特性診斷，都會用「強」、「弱」或是「高」、「低」來作為分別，但全腦思維分析系統，則用「偏右」、「偏左」這種方式來表現。這是因為「弱」或「低」的用詞，易於給人感覺好像是「欠缺」、「不足」等負面印象。

不過，為了讓第一次接觸全腦思維分析系統的人，較能簡單清楚與容易理解，在這本書中，請容許我使用「弱型」、「強型」的方式來表示。但我必須告訴你，與思考特質一樣，關於行為模式「弱型」、「強型」是不能比較的，也沒有孰優孰劣的問題，無論何者都是那個人的特質，也是強項。

「自我表現性」強弱不同，外在行為差異不小

在全腦思維分析系統的三種行為模式中，首先我將介紹「自我表現性」。這是人們外在行為呈現「向他人或周遭的自我表現程度」。若是用較簡單與白話的說法，就是「你心裡想的事情，會想告訴別人的程度」的行為表現。

■自我表現性「強」的人

這種行為模式的人，一般來說都較為外顯與活潑。

比方說在用餐的時候，他只要嘗了一口覺得十分美味的餐點，就會忙不迭地說出「好好吃喔！」等讚嘆語，反應可能還會大到讓旁人覺得似乎深怕別人不知道他的感受。

此外，自我表現性強的人，經常會有比較大的肢體反應。譬如他要表現認同時，會用幅度較大與連續性的點頭；當聽不懂別人的意思時，也可能歪著頭表示自己不明白等等。他們很喜歡直接說出或展現自己的內在感受及想法，能說是愛熱鬧、愛表達的類型。

對旁人來說，這類型的人的行為模式，有可能是「愛出風頭」，很喜歡「受注目」。自我表現性強的人，只要有機會「向他人表現出自我」，就會變得神采奕奕。這也是此類型的人外顯的特徵。

■自我表現性「弱」的人

不太習慣表現自己的情感，平常話也較少，所以給人「安靜內斂」的印象，是這類型的特色。

比起和一大群人熱熱鬧鬧地喧嘩互動，自我表現性弱的人，更偏好獨自一人，或只找來少數幾個人一起共度。他們內心的真正想法是，「一個人安安靜靜地獨處，或是跟兩、三人一起說話聊天時，自己最能感到放鬆。」他們不會想要引起別人的注意，成為眾人注目的對象，也不是他們所樂見與習慣的。

我想許多人在自己工作的職場中，都曾看過自我表現性強與弱這兩者的明顯差異。

比如說，在開會的時候，自我表現性強的人，根本不需要別人催促發言，就會自動自發地不斷表達意見。有他們在場的會議很少冷場，甚至還可能覺得會議時間不太夠用呢！

他們想到的事情很難忍住不說出口，就算多少已超出會議要討論的主題，也全然不在意。

相對來說，自我表現性弱的人多半時候只會靜靜傾聽，但這並不代表他們沒意見。實際上，倘若他們有不同見解甚至持反對意見時，也不會主動發言，而是等到別人點名問起時，才會說出自己的想法。

當會議進行時，行為模式全然不同的這兩種類型，會怎麼看待對方呢？

■ **強型→弱型**

「來開會卻又不說話，真不懂他到底為了什麼出席會議？我看他其實什麼都沒想，整個人在放空吧？」

■ **弱型→強型**

「這傢伙話真的有夠多，東拉西扯地講一堆，好像也和此次會議沒有太多關聯性，不能自己先把想法整理好，再扼要地發言嗎……」

正如我剛剛說的，自我表現性弱的人絕對不是沒意見，只不過是即便內心有什麼想法，並不太習慣主動對別人表現罷了。

倘若你拿一張紙，請他們寫下自己的意見，有時候他們會在上頭寫得密密麻麻地回覆給你。

對於自我表現性強的人來說，也並非什麼都不想就逕自發言。他們只是習慣把想到的事情立刻說出來，而且總是透過這樣邊說邊想的方式，在腦子裡做整理，最後也會確實導出結論。

無論自我表現性強與弱，都不能偏重哪一方，認為誰比較優秀，只不過是心裡的想法或點子，在表達方法上不一樣而已。

2 「自我主張性」——堅持與貫徹自己想法的程度

全腦思維分析系統的第二種行為模式是「自我主張性」。

首先，我想請你思考以下這個二選一的問題。

某一天中午休息時間，你跟同事一同去吃午餐。一進到餐廳後，發現只剩下角落靠近廁所旁邊的空位，於是你們便被帶往那個位子去。此時你的反應會偏向以下哪一種行為？

☑ 行動選擇一

你會對同事說：「坐在廁所旁邊用餐實在有點討厭，要請服務生幫我們換位子！」最後也真的這麼做了。

☑ 行動選擇二

你會覺得「沒辦法，午餐時間人就是很多。」無可奈何地就這麼坐下。

你會採用選擇一還是選擇二呢？

如果你認為自己較偏向行動選擇一的作法，你的行為模式就是「自我主張性強」的類型。相反地，若較可能採用行動選擇二，那麼就是屬於「自我主張性弱」的類型。

全腦思維分析系統行為模式的「自我主張性」，指的是「對於促使他人採納自己意見或想法」的程度。

■ 自我主張性「強」的人

這類型的人經常會表達自己的主張意見，更重要的是，還會強烈希望別人都能接受。

他們的競爭心通常比較強，還可能非常喜歡針對一些事情進行議論或研討。要是遇上與周遭的人有不同意見的狀況時，也會大大方方地提出自我主張與想法，甚至就算需要進行辯論來扳倒對方，也會毫不客氣地想要貫徹自己的意見。

若是在很多人聚集的時候，自我主張性強的人，總是想要主控現場的狀況，想把大家往自己所想的方向推動。

就整體行為來看，他們基本上是急性子，什麼事都要趕快去做才行。所以當你發覺有人明明不趕時間，卻在搭上電梯的瞬間連續猛按關門鍵，或是整個行程安排的時間其實很充裕，但交通燈號一變綠，就等不及地衝出去，也大多是自我主張性強的類型。

■自我主張性「弱」的人

這類型的人可說是完完全全的「和平主義者」，總想著如何避免與別人發生爭執或衝突。因此當自己的想法與對方不一樣時，仍然不會加以反駁，而是默默地聽從對方的意見。對他們來說，以和為貴才是最重要的，不必因為彼此意見不同而弄得劍拔弩張。況且自己的意見也不一定是對的，因此身邊的人都會覺得他們為人敦厚，是不折不扣的大好人。

在群體或團隊中，自我主張性弱的人，大多負責支援而不是擔任主導的角色，在行為上也格外溫和與順從。

看重團隊和諧VS能果決領導，各自都有優點

工作忙了一整天後，好不容易要下班了，此時有人開口邀請同事去喝酒。「喂！我們去吃燒烤吧！」會這麼開口的類型，多半是自我主張性強的人。他不會給予對方「想去什麼店」的選擇，而是從一開始就只有自己想去的「燒烤店」這一個選項。

「可是我昨天才剛剛吃過燒烤……」假如遇上對方這麼回應，自我主張性強的人，大概會不假思索地回說：「別擔心，你聽我的準沒錯！今天我要帶你

自我主張性

□遵從他人決定	□堅持想法
□和平主義者	□有行動力
□避免對立	□競爭心強
□負責調停	□急性子
□慎重	□有活力
□認為勝負不是全部	□不怕與人意見衝突
□能接受新看法	□說話強而有力
□消極的	□多話
□待人親切	□有魄力

自我主張性可看出促使他人採納自己意見或想法的程度。

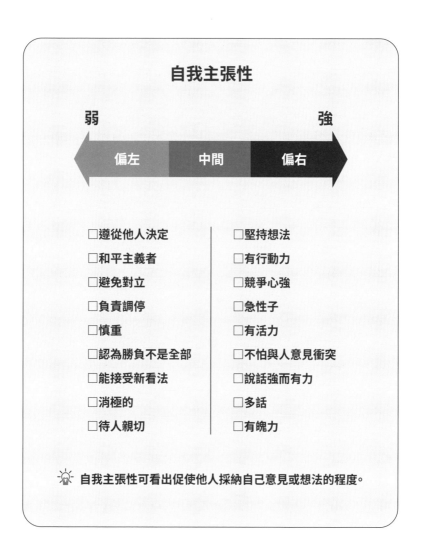

去的那家，絕對會比你昨晚去的要來得好吃很多！」他們並不會管周遭的人提出什麼不同的想法，依舊仍想堅持用自己的意見作為最後決定，這就是自我主張性強的特質。

相反的，受到邀請後問對方：「想到哪裡喝一杯呢？」對方表示：「可以問問大家的看法，大夥想去哪家店我都OK啦！」會說出這話的，絕大多數是自我主張性弱的人。就算最後的結果是去燒烤店，而且更不幸地，是他昨天才剛去過的那家燒烤店，他也不會有怨言或多說什麼，還是會跟著大家去。

下班大夥相邀聚聚喝個兩杯，此時這兩種類型的人在心裡是怎麼看對方的呢？

■ 強型→弱型

「什麼都沒意見，隨便都好，只要跟大家一起就好。完全沒有任何想法，根本感覺不到他對任何事的熱情。」

■弱型→強型

「似乎什麼都得聽他的才行，總是只知道指使別人，這人會不會太任性了一點啊！」

關於自我主張性強弱的程度，其實每個人也都有不同的見解。

比方說，有人認為自我主張性弱的人，是「我說什麼他都會聽，感覺很令人安心」、「很重視團隊的和諧，不會壞了工作氣氛」，會用像這樣的肯定角度來看待他們。同樣地，應該也會有人給予自我主張性強的人「可以帶領團隊，很有領導力」、「有決斷力、可以依靠」的評價。

上述無論是來自哪一種層面的評論，都如同前面我所言的道理，並不是行為特質偏重哪一邊，就代表「哪個好、哪個壞」。在全腦思維分析系統中，每一種類型都能成為自己的強項。

「自我表現性」跟「自我主張性」，哪裡不一樣？

當你看過上述的行為模式後，第一項「自我表現性」與第二項「自我主張性」，你能否找出這兩者的差異在哪裡？也許有人會覺得，「這兩者在字面上的意思都很接近，真的有點難以明確區分」。

其實，這兩者是相當不同的，就讓我在此說明一下辨別兩者的方法吧。最明顯的差別，關鍵就在於「與他人有沒有產生連結」。

自我表現性的行為特點，強調的是「向他人或周遭的自我表現程度」。簡單來說，就是對周遭的人「我非得說出自己的想法才肯罷休」，或是「我沉默不語也沒關係」的差別。總而言之，自我表現性的類型，比較偏重自我表達。至於別人是否接受，他們並不認為很重要，也不會過於在乎。

另一方面，自我主張性行為模式所代表的特點，則在於「促使別人採納自己的意見或想法的程度」。也就是說，當他們在表達一件事時，希望自己的看法被接納的程度。

總體而言，若是用下列的比較來看，就能一目了然——

自我表現性↓想對別人「表達」自己的想法和意見的程度

自我主張性↓希望別人「接受」自己的想法和意見的程度

拿我們生活上的具體實例來說，比方在吃飯的時候，會將「這個咖哩真的好好吃！」這類感嘆語表達出來的，就是屬於自我表現性強的行為模式；若是向旁邊的人徵求意見，問：「這個咖哩很好吃，對吧？」就是自我主張性強的行為展現。

看到這裡，你一定會想，若是碰上自我表現性、自我主張性都強的人，不就會一直強調「這個咖哩真好吃」，而且還會強烈推薦對方「你吃吃看」嗎？你的想法一點都沒錯！

還有一個許多人都可能有過的經驗，也就是和朋友一起去ＫＴＶ歡唱的時候，上述的觀察分析同樣可以套用。

我想你必然有過和某一些朋友唱ＫＴＶ時，他只想盡情歡唱就好，光這樣就能得到滿足的人，是屬於自我表現性強的類型；相對來說，當自己在唱歌時，要是別人沒有稱讚「唱得真好」，或者因為大家沒有跟著一起唱，就覺得不痛快的人，便是自我主張性強的典型。

沉默低調，不表示沒有意見

不管是在印象上或定義上類似，也許你會認為「自我表現性強的人，應該也會是自我主張性強的類型吧？」但事實並非如此。「自我表現性強，但自我主張性弱」的人，以及「自我表現性弱，卻自我主張性強」的類型，無論在工作職場或私人生活中，都十分常見。

假設同事們正打算一起去吃午餐，大夥聚在一起討論著「這次要不要吃義大利餐廳」。「自我表現性強，但自我主張性弱」的人，內心就算想著「日本菜比較好」，也不會正面反駁旁人的看法。但他又無法不將自己的情緒表達出來，也因此會兜著圈子東拉西扯，說出像「那家義大利餐廳的午餐好像漲價了」、「跟你們說，我記得有一家新的日本菜餐廳，曾受到雜誌的大力介紹喔」這樣的話。

另一方面，如果是「自我表現性弱，但自我主張性強」的人，他們說話雖然簡單扼要，卻會強烈地想貫徹自己的意見。當大家熱烈討論「去義大利餐廳吧」的時候，他很可能會小聲地丟出一句：「我覺得日本菜比較好」。或者當大家最後決定要去義大利餐廳時，他也有可能會表示：「那我一個人去吃日本菜囉」，話才剛說完，就自己一個人先走了。

表現性弱卻主張性強的人，對自己的想法和情感都很內斂。然而，受到自我主張性強的影響，會因為無法貫徹自己的意見，又不習慣對別人好好說明，容易令人產生誤解，因此感受到龐大的精神壓力。

全腦思維分析系統的三種行為模式，都是各自獨立的指標。除了在實際的心理分析中加上「右型」（強）、「左型」（弱），還有個「中間值型」，亦即診斷測驗結果為「看情形決定」的類型。若能建構出更細密的分析，藉由各式各樣的行為模式組合，將能精確反映出一個人的個性。

3 「自我調整性」——配合別人和適應改變的程度

行為模式的第三種是「自我調整性」。首先，還是同樣請你先做以下二選一的測驗。

雖然固執，但頗具決斷力

星期五的下午，你被主管臨時叫去，臨危受命地被要求說：「在下星期一前，務必要把這個資料處理完成。」

很明顯地，若你想要完成主管交辦的這項任務，在星期一上班時把所有的資料全部整理完成，那麼自己勢必得要放棄周六、周日兩天的休假。不僅如此，還得一大早就跑來公司加班。但你仍負責地這麼做了，並且不辱使命地把資料都整理妥當。

到了星期一，你準時上班，非常自豪地把資料雙手交給主管時，他卻一臉抱歉地跟你說：「唉呀！真是不好意思。客戶在星期六早上打電話告知我，由於他們的狀況臨時有了改變，所以這份資料只要在星期三之前給他們就行了。」

要是你遇到這種事，自己放棄休假，辛苦地加了兩天班，到最後卻是白忙一場，你會做出什麼反應呢？

☑ 行動選擇一

「算了，客戶臨時變卦，這也是沒辦法的事。況且提早兩天把資料做好的感覺，反而會比等到最後一刻才完成，要來得好多了。」你被說服了，而且還會如此自我安慰。

☑ 行動選擇二

「怎麼可以這麼隨意地更改原定計畫！況且當客戶變更交付時間不用在周一完成時，為什麼不即時打電話告訴我呢？害我白白浪費了兩天的休假跑來公司加班。」你對這樣的結果感到憤怒不已。

如果偏向行動選擇一，你是屬於「自我調整性強」的類型；反之，倘若採用行動選擇二的話，就會是「自我調整性弱」的類型。在全腦思維分析系統中，行為模式的「自我調整性」，代表著「接受他人思維、行為舉止或周遭變化」的程度。

■自我調整性「強」的人

這類型人的適應力很強，無論什麼樣的環境都能面對。即便身處於是非黑白很難說分明，周遭環境氛圍處於曖昧不明的狀況下，依然不會感到憂慮遲疑。他們不會特別抗拒事物的變化，就算大家有共識講好的計畫沒理由地變更了，也能坦然接受，並認為「總會有這種狀況嘛」。

大多數自我調整性強的人，都會被視為「好溝通，是個心胸寬大的人」。

相對的，也會因為習慣聽取太多不同的意見，顯得優柔寡斷。

■自我調整性「弱」的人

這類型的想法比較固執，喜歡事物有清楚的決斷，很難容忍預定計畫突然改變，會覺得這簡直是豈有此理的事。當與別人有了共識或談定之後，就會在他們的心裡建立明確的規則與秩序，並期許自己和要求別人都要確實做到，所以對別人的偏離或變卦顯得相當厭惡。

此外，也因為不太容易改變自己的想法，經常被周圍的人認為「個性很頑固」。不過，從另一面來看，由於他們決斷的速度很快，而且不易受旁人影響，所以做起任何事較不會有猶豫的情況產生。

容易相處不見得是「好事」

自我調整性的強與弱，當需要比較多人一起配合或工作時，就會明顯地表

自我調整性

□頑固	□具協調性
□不喜歡變化	□溫和
□獨裁	□悠閒
□決定速度很快	□待人和氣
□不改變決定	□替代選擇多
□替代選擇少	□可以處理模糊不明的狀況
□焦點固定	□不討厭變化
□喜歡已經決定好的事	□適應力高
□有明確意見	□擔任支援角色

自我調整性是指接受他人思維、行為舉止及面對周遭變化的適應程度。

現出來。

比方說，假設整個工作團隊預定要在星期三上午十點鐘，開會討論大家目前手上的工作進度。然而，召集會議的負責人，卻忘了先把會議室預定下來，而讓其他部門的同事登記了。於是召集人只好緊急通知大家「會議改成星期五的下午一點」。

當這個時候，如果是自我調整性強的人，他們會說：「改成星期五下午一點嗎？都可以啊，只要把那天原本排定需要完成的事做調整就行了，所以我沒問題唷！」

不過，對於自我調整性弱的人而言，就會不怎麼能接受地說：「大家都準備好星期三上午十點開會了，怎麼能隨便更動呢？你要想辦法按照預定的時間開會才行！」

在這種狀態下，他們是這麼看待彼此的。

■ **強型→弱型**

「真是不懂變通，難道不能隨機應變一點嗎……」

■ **弱型→強型**

「什麼叫做都可以？這根本是什麼都不在乎，太隨便了嘛……」

很多人容易認為「自我調整性高＝好」或「自我調整性低＝不好」，這不是絕對的狀況。其實，只要能改變觀點來看，調整性的強弱都能被看成是個人的強項。

舉個例子會更清楚。

假設一間公司裡全是自我調整性強的人，由於每個人都只想聽從別人的意見，於是無論會議開得再久，也很難有明確的結論。又或者，很可能出現就算一開始已經決定好的事情，卻在接觸各種意見的過程中，讓原本決議的事項又變得搖擺不定，莫衷一是。最後使整個團隊的工作效率低落，任何討論都成了議而不決，決而不行。

要是在這個時候，團隊中有個自我調整性弱的人加入，就會因為「事情一旦有了決定後，就不可隨意變更」的態度，讓事情做出決議，使得整體的進展加快許多。

反過來看，倘若一個團隊當中，都充斥著自我調整性弱的人，在許多方面將面臨無法接納嶄新或較為創新的改變，以及執行中的任務工作。即便情況有了變化，必須在某些方面做出調整時，大夥都會難以接受，反而讓事情無法出現轉機。如此一來，恐怕很難處理突發的問題，或者應對急劇的環境變化。

若此時能有自我調整性強的人，在團隊中扮演潤滑劑的角色，便能軟化整體態勢，進而聽取周遭不同的意見，從中找到處理新狀況的方法。

4 掌握對方個性，閒聊溝通不誤解

看到這裡，你是否已經理解「四種思考特質」和「三種行為模式」的特點與相對應的描述呢？就讓我再多補充說明這兩者的關聯性吧。

假設有一位「社交型」思考特質非常強的人，你理所當然會認定他一定能比別人結交更多朋友，能與許多人交流而感到快樂，對吧？

但答案未必如你想的這樣。實際上，朋友數量的多寡，和那個人的「自我表現性」有關係。

倘若這個人擁有「社交型」思考特質，並且在行為模式上又是「自我表現性強」的類型，結合這兩者的特性，他應該很能享受在一些場合遇見許多人，與之攀談的感覺。因此在交友關係上，比較會常與很多人來往。

然而，要是這人是「自我表現性弱」的行為模式，雖然是社交型的思考特質，卻會因為這樣的個性使然，使得他不喜歡出現在人多的地方，也就不會熱烈積極地參與有機會認識許多新朋友的社交場合，而是偏向只與少數友人做深入且長期的交往。

再讓我們看看擁有強烈「分析型」思考特質的人。倘若又是「自我主張性強」的類型，當會議進行中出現說法矛盾的時候，他不會客氣，一定會當場指出問題所在；但反之是「自我主張性弱」的人，很可能會變成在會議結束後，才悄悄地跟同事說：「你剛剛的說法是有矛盾的，我覺得……」私底下告知自己不能接受的點。

此外，對於具有「概念型」思考特質的人，他們經常會有許多創意和點子在腦海中浮現，他的行為模式若為「自我調整性弱」，那麼便會從這些點子或創意構想中，選擇最喜歡的一個，然後督促自己趕緊去實踐執行；如果是「自我調整性強」的人，即便已經從眾多點子中，選出一個自己最喜歡或覺得最可能實現的方案了，但很可能到了第二天早上，一覺醒來，又會想著是否再考慮看看與嘗試其他點子。

我剛剛舉出的例子，在你工作周遭一定發生過，或者有過雷同的經驗。配合針對各個案例的解說，我想你能明白，「思考特質」加上「行為模式」的深度關聯，將決定一個人的個性與作為。

當理解這個道理後，你將能清楚明白，身邊的親友在日常生活中的舉止反應，甚至是沒有經常見面的顧客，他們是哪一種個性的人？怎麼看待事情？如何決定事情等等，都會豁然開朗。

因為你完全看懂他們的個性、想法，當有需要溝通、開會或閒談時，你將知道該怎麼說話、回話與問話。如此也就不會發生因為彼此不了解而產生誤會，雙方的交情將會有戲劇性的變化。

5 讓人們「合得來」的第一步

除了認識自己，也必須清楚他人的個性，你才有機會擁有讓自己無往不利的人際關係。要做到這一點並不困難，只要透過全腦思維的科學分析，並經常演練調整，就可以辦到。

你的「很普通」，對別人可能很嚴重

提起人際關係的改善，我想首先第一步是要和別人「合得來」，這也是破除溝通與交往障礙的關鍵。

人際交往之所以會發生「合不來」的原因，就在於每個人對於「很普通」的定義有所不同。例如，對自我表現性強的人來說，他們習慣把想到的事物立刻說出來，認定這根本是「很普通」也是極為自然的事。但對自我表現性弱的

人來說，無論自己想起什麼，都不應該隨隨便便地告訴別人，對他們來說這才是「很普通」的事。

如果你仔細觀察，平常人們在交談時常會說：「……這『很普通』……」之類的話，但事實上，每個人對於所謂的「很普通」，定義都不盡相同，因此很有可能產生隔閡，「合不來」的感覺也就萌生了。

爭執的真正原因，你不一定知道

我記得有一次在全腦思維分析系統的研習課程中，發生了一件滿有象徵意義的案例。

參加那次研習課程的是一對夫妻。他們不但是夫妻關係，更是一起創業的工作夥伴。不過由於在工作上經常看法分歧，他們平時大小爭吵不斷。先生若是下達工作指示，或者拜託太太幫些什麼忙，太太總是繃著一張臉，經常一副不高興的模樣……。先生完全不明白太太究竟為什麼要對他生氣，這種情況還不是偶一為之，而是經常持續不斷發生。

按照往常的慣例，研習課開始之前，我都會先讓大家一個個站起來介紹自己，這時先生才突然發現，自己平常從未察覺太太的另一面。

依序輪到他太太的時候，雖然站起來了，卻仍遲遲沒有發出任何聲音。仔細一看，還能發覺她連指尖都不停地微微顫抖著。好不容易過了一會兒，她才開始以小聲到不行的音量自我介紹，不過此時她全身都在抖動。

當看到妻子這副模樣，她的丈夫也感到十分詫異，因為她似乎全身發抖到讓旁人覺得是否身體哪裡不舒服的程度。後來在測試診斷分析結果出爐後，我們才終於明白，原來這位太太是「自我表現性」相當弱的類型，對於自己站立在那麼多人面前，尤其是成為眾人目光焦點的情況下說話，是一件痛苦不堪，難以忍受的事。

相反的，她的先生則是「自我表現性」非常強烈的類型。對他來說，在大家面前侃侃而談，述說自己的生平故事，真是再快樂不過了。要不是因為時間限制的話，我想他很可能會一直說個不停。

全腦思維分析能挖掘出真正問題

透過全腦思維分析系統的診斷測驗結果，這位先生學到了一件事，那就是「自己認定的『很普通』，跟妻子的定義很不一樣」的這個事實。

雖然對先生而言，在別人面前一吐為快是再普通不過的事，但對於自我表現性弱的妻子來說，她很不能習慣把想到的事全都說出口。就算與人持不同意見，也不會一股腦地說出來，這才是她認為「很普通」的事。

即便太太的態度已經有些不尋常了，他依然這麼認為：「有不同意見就應該一五一十地講出來，這不是再普通不過的事嗎？若是妳什麼都不肯說，那麼別人怎麼可能會知道呢？又如何和你溝通呢？」

除此之外，這對夫婦在「自我調整性」方面，也幾乎是恰好相反的類型。先生是自我調整性「強」的類型，而太太則是「弱」的類型。正因為如此，先生的處事風格很容易變來變去，最常發生的改變是工作順序排程。

對討厭變化的太太來說，決定好的事或兩人商量好的工作形式，經常遭到更動，這對她形成了很大的精神負擔。她之所以臉上老掛著不高興的表情，正是基於先生在下工作指示的說法，總是初一十五不一樣，於是累積了壓力與不滿的情緒。

藉著全腦思維分析系統，這對夫婦在了解了彼此行為模式的差異後，終於理解兩個人之間那種「不協調感」的真正來源。

「全拜全腦思維分析系統之賜，讓我得以領悟出長久以來一直無法解決的問題──『為什麼太太老是和我處不好、合不來？』如今在知道原因後，我心裡的焦躁感也隨之消失，心情自然輕鬆許多。這不僅是我的感受，我太太也是這麼想的。」

在那次之後，這對夫妻無論於公於私，都成為很好的夥伴，生意也發展得更加順利。

改變看待別人的方式

單從外表很難看出一個人內在的思考特質，因此很多時候你會覺得「對方為什麼老是講不通呢？」而感到焦慮不已。

然而，人們的外在行為卻能明顯地被直接看到，所以容易和「討厭」的心情產生連結。

這也是人們之所以有「合不來」的感覺的原因。如果你能真切地理解，每個人的行為模式都不盡相同，你自認「很普通」的事，或許會因為對方的行為模式和你南轅北轍而不這麼認為。於是你將會用「體諒」來取代「討厭」，甚至進一步為對方著想，調整彼此間互動相處和說話溝通的方法，就能愉快地「合得來」了。

這就是全腦思維分析系統的目的，希望幫助人們了解到，自己和別人的「很普通」的定義可能不同。透過這套系統所提供的方法，你將能很快找到問題的癥結點，對你過去一直無法處理，因為和別人溝通不良所產生的負面情感，有了解決之道。

只要了解「別人的行為模式與自己不同」的這個概念，我相信往後你看待周遭人們的觀點，會起很大的正面轉變。

在接下來的第四章中，我將介紹從外表或言行舉止，掌握對方「思考特質」和「行為模式」的技巧。

Chapter 4

只要一分鐘！看穿任何人的技術

快速掌握人們的特質習性，
無論是誰你都有辦法相處，
人際關係自然沒問題。

1 不必測驗，也能看穿每個人的個性

先前我在第二章、第三章中，已詳盡分別介紹了「四種思考特質」與「三種行為模式」的特徵與傾向。不過，該如何把你學習到的這些概念，靈活有效地運用在日常的人際關係與溝通上呢？這就是我將在本章中，要逐步教會你的技巧。

我想你應該能了解，全腦思維分析系統，是透過受測者回答診斷測驗所提出的問題，再將填寫的答案運用電腦進行統計分析後，得到數值，從中計算出受測者的個性。藉由此種正式方法得到的結果相當精確，我建議你有機會的話可以試試看。

你或許會想：「是否不接受正式分析測驗，就無法知道對方的類型呢？」假如真的如此，總不可能叫每個人都來作答，然後一個個地分析，這根本是不可能做到的事，更遑論在日常生活中運用這些理論。

能接受正式的分析當然最好，即便沒辦法做測驗，還是一樣能以相當程度看出他人的個性。這是我將傳授給你，從對方說話或行為舉止中，看出「思考特質」與「行為模式」的技巧。

你會在心中這麼想——

■ **四個思考特質中，他符合哪一種？**

■ **三種行為模式的強弱，他屬於哪一種？**

在工作職場或私生活領域中，只要能抓住重點，無論面對誰，你都有辦法在一分鐘之內，判斷出他的思考特質或行為模式，即便對方只是第一次見面的陌生人也一樣。

接下來，就讓我來傳授你，看懂他人個性的技巧。

2 看穿自我表現性——聲音、衣著、反應

在人們的思考與行為這兩者當中，不言可喻，後者是比前者來得容易觀察許多。畢竟一個人的內心在想些什麼，尋常人可不容易從外表看出來。不過對於人們的行為舉止，只要稍加留心，就能確實地察覺，所以就讓我們先從注意對方的行為開始吧。

首先，讓我先解釋「精確看出對方的自我表現性是偏強或偏弱」的要點。

在全腦思維分析系統的三種行為模式中，這個算是比較容易判別、斷定的特徵。只要稍加觀察對方的行為舉止或外表，就足以大致判斷出來，具有一定的準確性。

「自我表現性」中的各種行為及外在特徵，如下所示。

■自我表現性較強者

・講話聲音較宏亮

・一進來就會對每個人「早安！」、「還好嗎？」地打招呼

・說話時動作較大

・反應較誇張，聽別人說話時會發出「咦～」、「這樣嗎？」等誇張的附和語句

・開會時常會率先舉手發言

・衣著服裝較為花俏

■自我表現性較弱者

・說話音量較小

・話不多

・肢體動作較小

・別人講話時會安靜傾聽不插嘴，多數可能會認真抄筆記
・開會時若沒被指定，他就不會發言
・在眾人面前說話較會緊張
・服裝顏色較為穩重

我想你一定曾聽過這種評語，是不是有些人常會被說成「只要他不在，現場就會安靜許多」，那麼這個人就是「自我表現性強」的典型代表人物。相反的，若是那種常被夥伴說「咦！他什麼時候走的？」的人，就是「自我表現性弱」的代表。

3 看穿自我主張性——堅持度、口頭禪、主導性

接著讓我們來看看，「自我主張性」可以怎麼觀察出來。

想要察覺出一個人「自我主張性」的強弱，能透過譬如「某個人是否想要讓身邊的人順從他」，又或者「他有沒有想要主持現場的意圖」來看出。換句話說，就是這個人會不會很想成為「意見領袖」，有沒有經常遇事就想要「說服別人」。

以下是「自我主張性」強弱的特徵。

■自我主張性較強者

・會想立刻徵求周遭人們的同意，他們的口頭禪是「～是這樣吧？」、「～對吧？」

- 想當場做出結論，就算對方說「請讓我再考慮一下」，也會想要趕快做出結論
- 團體聚會時，總會想要主持現場
- 開會時即使和別人的意見相左，也會不客氣地發言
- 走路的腳步和工作速度都會比較快

■ **自我主張性較弱者**

- 有自己的意見，但不一定堅持
- 對事情的決議較為慎重，常會把「我們再想想看」、「是否等等再決定」等這些話掛在嘴邊
- 團體集會的現場，較會順從主持者的意思行動
- 開會時較少有反對意見，而會聽從別人的見解
- 比較能忍受別人的不同意見

讓我們來看看以下的例子，你會更加了解自我主張性強和弱的區別。

假設你和一大群同事相邀去吃燒肉，才剛開始烤，可能就會有人拿著夾子不放，很想把肉都給烤好，對吧？他不僅把別人要吃的肉都烤熟了，還不過問每個人喜歡的口味，不斷地把烤好的肉分到大家的盤子裡去。

「腰背肉別太焦了，這種肉要烤得半熟才好吃」、「內臟一定要全熟啦，這樣比較好」。即使旁人這麼提醒，他也不太理會，只是不停地按照自己的方式，將肉放到別人的盤子裡。

其實他習慣藉著掌控全場，讓大家在某種程度上順從自己的規矩，所以採取這樣的行動。而這種傾向通常都發生於「自我主張性強」的人身上。

反過來說，對於那些不會違抗這種燒肉分配方式的人，或者都按照被分配順序吃燒肉的人，必然會是「自我主張性弱」的類型。

4 看穿自我調整性——調適力、守約、承諾

行為模式中的最後一個是「自我調整性」。看穿「自我調整性」強弱程度的要點，就在於「會不會遷就周遭的人，會不會因為環境而改變自己的意思」。

以下是這一類型的特徵。

■自我調整性較強者

- 緊急變更行程的情況很多
- 講定的事會變來變去
- 才剛發生不久的事，轉身就忘。談話中經常出現「我有說過這種話？」這句台詞
- 開會時對全體的意見會表現出「對啊」、「這樣也不錯」等共鳴

・到了商店才決定要買什麼

■自我調整性較弱者

・一旦與人約定好就會遵守，幾乎不會放鴿子或更改時間
・經常會貫徹主張
・永遠記得過去發生的事，「那時候是這麼說的唷」常常會把過去的事翻出來講
・會議中一旦決定的事，就不會想更動
・計畫好要購買的物品萬一缺貨，不會購買替代品而是直接回家

針對自我調整性強與弱的人，最好的辨別機會，是在事情遇上轉折的時候。程度較強的人可說是「隨遇而安」，任何改變都能處之泰然，甚至享受因為改變所帶來的樂趣。不過程度較弱的人可不這麼想。他會覺得改變帶給他不便，

若是突然發生計畫以外的事，總會令他措手不及，甚至造成精神壓力。即便改變後說不定會比原來的計畫更好，他也不會覺得有所遺憾。如果可以選擇的話，說不定他寧可偏好沒有太好，卻可按照原本計畫實行的選項。

讓我們把場景拉到和朋友吃完飯後，大家仍然意猶未盡，於是提議到某一家很棒的居酒屋續攤。

當大夥人浩浩蕩蕩地來到了居酒屋，居然發現大門深鎖，門口還貼了一張「本日公休」的告示，於是一群人開始七嘴八舌地討論該怎麼辦。這時就是觀察人們會採取什麼樣的行動，看穿哪些人是自我調整性強，哪些人程度較弱的好機會。

「那就在附近隨便找個地方，只要大家能繼續聊就開心了。」能適應突發狀況，並且馬上改變預定行程的人，就會是「自我調整性強」的類型。要是有人不這麼想，而是說：「居酒屋居然公休了，怎麼剛剛不先打個電話確認呢？

真的很麻煩耶，現在到底該怎麼辦，還是算了大家就各自回家吧。」會因為原本計畫被打亂等突發狀況，有所懊惱與埋怨，甚至覺得興致都被打壞了的就是「自我調整性弱」的人。

談到這裡，相信你已能掌握如何看穿全腦思維分析系統，三種行為模式各自強弱程度的人了。一定覺得一點都不困難吧！

5 透過問話技巧，能看穿「思考特質」

緊接著，就讓我們來練習一下，該怎麼看穿「思考特質」的技巧。

人們的內在思考可不如外在的行動作為那般，能用眼睛直接觀察。那麼該如何才能看穿對方的思考特質呢？

「發問」其實就是看穿人們思考特質的鑰匙！

只要你知道怎麼發問，以及如何從他們的回答中看出端倪，便能讓對方的思考特質一覽無遺地呈現在你的眼前。

我在這裡將介紹幾種能看出對方思考特質的「發問技巧」。當然你可以舉一反三，找到更多的問話方式，並透過持續性的練習，就會越來越能觀測出別人的性格與內心想法。

問題一：「購買新手機，你在乎哪些條件？」

■ 分析型人會怎麼回答

「手機搭載了多少對我有用的功能，通話費也很重要。如果附加服務沒有很實用的話，基本上我希望費率可以比現在的更便宜。」

■ 結構型人會怎麼回答

「我會選擇目前市面上有銷售實績的機型，這樣比較安心。對剛發行不久的新機種，由於還不能確定好不好用，所以我應該不會選擇。」

■ 社交型人會怎麼回答

「只要跟身邊朋友用一樣的機種準沒錯！我很喜歡金城武，他看起來很誠懇，所以買他廣告代言的手機也是不錯的。」

■ 概念型人會怎麼回答

「買最新型的手機就對了啦！科技推陳出新，當然要買最新的來用用看，還要考量造型是否獨特！」

分析型人較重視理論根據，他們看重科學或科技等方面的專門資訊，所以在選購商品時，首先考慮的是性能。此外，他們也有強烈的成本意識，很講究價格或費率型態，不過對自己有用的就另當別論，但基本上還是想盡量壓低費用。

結構型人重視的是實績或經驗，因此不會飛快地跑去購買新產品。「買這個商品真的沒問題嗎？」他們經常花比較多時間在慎重考慮上，甚至還可能會在網路上蒐集手機性能的評比、調查，在購買前多數會事前做足功課。

社交型人則是從人與人的關聯性作為選擇的考量。朋友和家人是必然的考慮因素，若是影迷或對廣告特別有想法的人，還會受到廣告代言人很大的影響。

概念型人最喜歡新鮮事物，比起商品性能，他們更重視外觀跟設計有無特殊性。假如這款手機具備其他手機所沒有的特別功能，他們就會表示出相當濃厚的興趣。

問題二：「你都怎麼挑選餐廳？」

■分析型人會怎麼回答

「當然要看CP值！餐點水準跟價格是否吻合很重要。如果是有美食專家推薦的店，應該就不會有錯。」

■結構型人會怎麼回答

「去過一次覺得好吃的店就會常去，若是朋友開的店也比較令我心安。」

■社交型人會怎麼回答

「我選擇去一些美食部落客給予高評價的地方，朋友推薦的餐廳也是我會留意的。」

■概念型人會怎麼回答

「會想去新開張的店，或是查查看網路。如果菜色照片看起來很好吃，餐廳氣氛不錯的話，就會想去吃吃看。」

如同你所看見的，各種思考特質的特徵，都會在這個問題的答案中，顯現出相當濃厚的特色。

分析型人很在意餐廳的價格是否值得。他們不一定追求最便宜，而是重視餐點或餐廳的品質是否符合價格。因此會相當程度地參考美食專家或名人的推薦，也會選擇有信賴度的書籍所提供的資訊。

結構型人最相信的是「曾經去過」、「以前吃過」的經驗，此外「朋友開的店」對他們來說等於是「可以料想得到的水準」，這也會是他們納入考量的範圍之一。

社交型人容易與他人產生共鳴，因此只要是聽說「很好吃」，就會受到影響。這一點和分析型人不同的地方在於，他們不會太在意消息來源的可信度。

概念型人會對新開設的店表現出高度的興趣，而且比起文字資訊，他們對照片等影像畫面的資訊反應更為敏感。

問題三：「旅行前多久開始準備？」

■ **分析型人會怎麼回答**

「有空的時候會先隨便整理一下，反正只要在出發前準備妥當就可以了。」

■ **結構型人會怎麼回答**

「要是出國旅行的話，大概在兩星期前就得開始準備了。我會先製作要帶的物品清單，然後再整理一下有哪些需要添購的清單。按照順序且提前準備，就不會因為匆忙漏東漏西的。」

■ **社交型人會怎麼回答**

「若是一道去的朋友已經開始準備，我想自己也要開始整理了。我會用LINE或傳簡訊和朋友討論，一起商量要帶些什麼，這樣不是很方便嗎？不用自己在那邊傷腦筋。」

■ **概念型人會怎麼回答**

「隨時都可以準備啊！想到什麼就先放到一旁，再說前一天或當天早上出發前再準備就好了。況且要是東西帶不夠或遺漏了，還可以到當地再買，只要別忘了帶護照和錢，其他總是有辦法解決的。」

分析型人通常都在最後時刻做整理，不會在意整理的流程與順序，他們多利用零碎的「空檔時間」，有效率地做好行前準備。

結構型人會仔細地訂定準備計畫。除了製作必備物品的清單外，還會整理此次出國需要前去購物的預定商家名單，然後一切都會按照計畫進行。在四種思考模式中，花最多時間準備的，無疑是此類型的人。

社交型人連旅行前的準備都會與他所關注的人際關係互相連結。他們喜歡和一起去旅行的朋友一起溝通準備，也因此準備工作會視對方怎麼做來決定。

概念型人並不會訂定計畫或按部就班地著手進行。他們是想到什麼就統統收進行李箱中，並同時已經在腦海裡想像，此次旅行會發生什麼有趣的事，而自己可以怎麼玩。

看了前面舉出的問題情境，以及各種思考特質的回答後，我想你應該已經了解到，因為每個人的思考特質不同，針對問題的回答出現了明顯的差異。

每一種思考特質的人所關注的面向都不一樣，對於問題，他們在乎的點也就不盡相同。有的會著重於效率價值，或者會比較謹慎；也有的很看重親友的經驗值或新鮮感。全腦思維分析系統正是基於這樣的概念，來釐清各個思考類型的特質。

了解不同類型的特質，進而以適合的方式溝通，必然能降低溝通失敗的風險，甚至事半功倍地提升彼此的溝通效率。

就拿前面「購買新手機」的例子來說，假若你是手機商店的服務人員，你可以透過好的提問技巧，以及觀察顧客的回答來測知他的思考特質。這將能幫助你決定接下來該怎麼向他介紹，提出哪些資訊或優惠方案是他所在乎的。如此「投其所好」的服務，必然能讓交易更有機會達成，業績蒸蒸日上指日可待。

學會了這個技巧，你會發現自己的生涯將明顯出現變化——大幅改善溝通技巧，和他人互動也會越來越好，工作職場的人際關係順暢無礙，許多工作都比以前更得心應手。在私人領域方面，比方夫妻或親子關係，你也能因勢利導，讓家人的相處更融洽，不再發生「個性不合」的頭疼問題，優化個人與家庭的生活品質。於此我也順道一提，這裡提出問題的範例與得到的回答，都是全腦思維研習課程參加者回答過的真實案例。每一個回答的特徵都非常簡單易懂，而且特色相當鮮明。

接下來，再讓我多提幾個範例，作為你未來練習的參考模擬。請你一定要在職場或日常生活中測試看看。

問題四：「你對推特（Twitter）的看法如何？」

■ 分析型人會怎麼回答

「那是用來做什麼的？我總是不清楚它的使用目的。」

■結構型人會怎麼回答

「我不會特別想要嘗試。那是一種不知道真實身分的社群軟體吧？不會有個人資訊外洩的風險嗎？」

■社交型人會怎麼回答

「使用這個方法來找朋友超方便的！我身邊的朋友都有玩。」

■概念型人會怎麼回答

「我不太清楚它跟部落格有什麼不一樣，不過總之我申請帳號了。」

分析型人很講究目的，如果他們不能理解「為什麼要這麼做」，就不會胡亂出手。但如果目標明確，並在研判後認定對自己能帶來幫助，就會立刻開始使用。

結構型人對於引進新事物的態度非常慎重，他會密切觀察這是否真能安心使用，若還不能確定的話，他就會繼續等待。

社交型人關心與別人的互動，所以只要能幫助他與別人聯繫的東西，都樂於試試看。對於推特他當然愛用得不得了。

概念型人不會管那是什麼東西，只要是新鮮玩意，他都很想嘗試看看。對於新奇事物不試試看就不肯罷休的，通常都會是這一類型的人。

問題五：「第一次約會，你會選擇去哪裡？」

■分析型人會怎麼回答

「到鎌倉看繡球花，並享用特色料理應該還不錯吧？」

■結構型人會怎麼回答

「第一次約會的話，還是去迪士尼樂園吧？去晴空塔附近逛逛也不錯。」

■社交型人會怎麼回答

「可能帶她去朋友讚不絕口的義大利餐廳吧，之前網路上頗獲好評的水族館，也是不錯的選擇。」

■概念型人會怎麼回答

「不會特別決定去哪裡，開著車四處兜風應該還不錯，說不定還會有意想不到的體驗，這樣應該很好玩吧？還可以考慮租車，租一輛很拉風的敞篷跑車應該會很棒。」

分析型人就算約會也會設定明確的主題，不只是選定要去哪裡，連「為什麼要去」的目的都會一併考慮。

結構型人很重視信賴與安心的感覺，會四平八穩地回答大家公認「最保險」的約會路線。

社交型人則會參考別人提供的資訊，不只是朋友或熟人給的資訊，美食網站等大家口耳相傳介紹的約會景點，也都會列入他的選項中。

概念型人認為「缺少意外或驚喜的約會是很無聊的」，比起要去哪個地方，他更在乎「要怎麼讓對方感到驚喜」。

問題六：「上個週末，你做了些什麼？」

■分析型人會怎麼回答

「運動對健康很重要，所以為了鍛鍊自己的體魄，我去了一趟健身房。」

■結構型人會怎麼回答

「早上大約九點左右我就起床了。隨後我去溜狗，並隨手帶著三明治當早午餐。到了下午，我出門到銀座商圈隨便晃晃，先去百貨公司，接著再到書店……」

■社交型人會怎麼回答

「我約了好朋友由紀見面。由紀是我高中時的同學，這次可是睽違了五年後的重逢呢！」

■概念型人會怎麼回答

「週末？欸……做了什麼事？對了，我過得很悠閒。」

分析型人對問題都會連同「目的」一起回答，因此不只是說「去健身房」，還會補上一句「為了鍛鍊體魄」，這可以說是分析型人的最大特色。

結構型人有按照順序述說事情的傾向。針對週末怎麼安排的話題，他不會只簡單拿一件事來講，而是詳細說明「首先做了哪件事，接著又做了什麼」。

社交型人回答的經常不是「自己做了什麼」，而是會提起他「和誰做了什麼事」，這是他們回覆答案的特徵。

概念型人對事情的印象都比較依賴感覺，因此對於週末的事，就只會記得「過得很悠閒」或「過得很忙亂」等等。對這類型的人來說，若是一個較刺激的週末狂歡，他們或許會說得更深入一些。

6 口頭禪，最容易看穿的線索

從以上這些不同思考特質的回答範例，你是否已能掌握這四種類型的特性了呢？還是再次提醒你，在日常生活中，要盡量多多練習，透過提問與對方的回答，練習判斷他是哪一種思考特質。

當有了判別類型的基本概念後，一旦開始實地演練，你將會感到這樣的作法十分有趣。你可以先從職場上的同事開始，慢慢熟練且印證自己的判斷越來越精準時，就能逐漸擴大到朋友、客戶等範圍。你一定能明顯感受到，超乎自己過去想像的差異。

接下來，在這一章的最後，我想介紹的是，從「口頭禪」看出對方思考特質的技巧。

想看穿別人的思考特質，僅用眼睛是不會有結果的，不過卻能從話語中的蛛絲馬跡看出端倪。除了前面所提到的，可以透過問話與對方回話的方式外，留意對方經常脫口而出的「口頭禪」，也是另一種能有效看出他人思考特質的方法。

在第一七〇頁中，我列舉了各種類型經常使用的「口頭禪」，讓你參考。當你看出某人的思考特質後，也需多留意他有什麼口頭禪，再把這些增加進去，如此你的口頭禪資料庫就會越來越完整。

當你清楚了解到，人們會因為三種行為模式與四種思考特質的交互連結，而產生各自不同的個性，接下來你一定會想，那麼我如何知道對於各種個性的人，應該使用什麼「說話方式」？為了在工作或私人領域中，創造良好的人際關係，究竟該怎麼做才好？

我在本書最後的第五章，將運用前面提及的各種基礎知識，介紹與解說在日常生活中，你能立即上手運用的「實踐技巧」。當然，我還是一樣會以具體的例子詳細說明。

各類型人的口頭禪有哪些？

分析型

- 「為什麼？」、「為何？」
- 「根據什麼因素？」
- 「重點是什麼」
- 「這不是很矛盾嗎？」
- 「浪費時間」

結構型

- 「具體來說呢？」
- 「要用什麼方法？」
- 「到什麼時候？」
- 「這樣不切實際吧」
- 「因為已經決定好了」
- 「以前都是這麼做」

概念型

- 「～的感覺」「～的形象」
- 「那個好玩嗎？」
- 「細節不用在這裡說啦」
- 「沒有別的方法嗎？」
- 「隨便」
- 「大概」
- 「喀～的」「啪～的」（經常使用擬聲詞）

社交型

- 「是誰？」「跟誰？」
- 「是○○說的」
- 「大家覺得如何？」
- 「我們一起去……」
- 「我能體會」
- 「想到○○的心情就……」

多留意對方的口頭禪，就可有效看穿他人的思考特質。

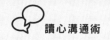

解答專欄

險惡氣氛和性騷擾疑雲如何解決

結局一：從迫切危機到業界翹楚

我們先來看看因為個性不合，半年來說不上幾句話的公司老闆武藤與重要幹部明輝。

在我們的建議下，武藤讓包括自己在內的所有員工，都參加全腦思維的研習課程。

武藤是一個「概念型」特質強烈的人，正如你現在所了解的，概念型人具有相當豐沛的創造力，最喜歡與眾不同的新鮮事物。另一方面，明輝則是不折不扣的「結構型」人。他對從來沒有過的新事物顯得慎重許多，他也很看重過去的經驗，認為以經驗為本較不會有出錯的風險，對任何事物都偏好擬訂計畫後再確實執行。

在參與了全腦思維課程後，過去武藤一直認為「思考創新企畫案或想出點子最有趣，也是最有價值的工作」，所以便覺得「明輝應該也是一樣」的想法。現在他終於了解，這些想法不一定是對的，也就是「對自己來說很快樂的事」，並不等於「別人也會有快樂的感受」。

「你應該把費用估算、作業步驟這種無趣的工作交給其他同事，跟我一起把精神放在更有創造性的工作上！」以前武藤總是不厭其煩地和明輝這麼說。

武藤覺得這樣的工作方式更愉快，能為公司帶來最大的貢獻。然而，他發現明輝總是無法改變工作習慣，這讓他感到懊惱，為何明輝總是說不通呢？

但對結構型的明輝來說，以計畫為本，一步一腳印地著手進行，才是有趣又有價值的工作。武藤那種強迫他「別考慮細節了，總之先想出新點子再說」的概念，對他造成無比的精神壓力。明輝總覺得，若公司沒有人估算費用，將執行計畫細節安排妥當，那麼儘管再好、再創新的點子，到了最後很可能只會是一場災難，說不定還會讓公司產生虧損，甚至對企業的存活造成很大的影響。

為了這點，明輝經常和武藤見解不同，兩人已經到了話不投機半句多的地步。彼此「合不來」的情況，也造成公司內部的不穩定。

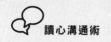

在參加研習課程一段時間後，武藤語重心長地說：「原來我覺得這樣很好的事物，對明輝而言，反倒是在逼迫他去做不喜歡的事情啊……」、「明輝之所以講求細節，並不是因為討厭我，而是基於他想要讓公司的營運能更穩定地發展……」

在那之後，思考新開發事業的概念，以及描繪公司未來的願景就由武藤來負責，而明輝則擔任如何將武藤的規畫具體落實的角色。工作重心都放在製作出最佳的執行計畫，他們的工作分配變得相當明確，能各自發揮所長。

在大當家跟二當家能互相理解，雙方的溝通變得順暢無比，公司內部管理也因此步上軌道，整體的氛圍比過去好上許多，經營自然一飛衝天。如今武藤公司的營運規模與業績，一躍成為該產業領域的翹楚。

結局二：從不信任到好交情

至於案例二中，沒料到竟然會遭部屬淳子投訴「性騷擾」的野中，後來變得怎麼樣了呢？

就在那個當下，我們正要在野中的公司舉辦全腦思維的研習課程，屬於同個部門的野中與淳子，也跟其他同事們一起來上課。藉著那次機會，我們發現，原來這兩個人的行為模式正好完全相反。

主管野中是個「自我表現性」非常強的類型。正如你現在知道的，這類型的人非常健談，很擅長與人社交，對任何人都能輕鬆愉快地攀談，也樂於受人注目。然而，部屬淳子則是屬於「自我表現性」非常弱的類型。她習慣安靜、獨處，不太把自己的喜怒哀樂隨意表現出來，也很討厭成為別人注目的焦點。

野中自己覺得，若是對淳子說：「妳今天穿的衣服很可愛。」這會使淳子覺得自己受到注目，應該會很高興才對。然而，野中並不知道，受人注目是最令淳子痛苦的事，她只喜歡一個人安安靜靜地工作，因此對於總是無端找理由接近她，與她說話的野中，是一個「無聊甚至有不良念頭的奇怪上司」，所以她覺得自己受到騷擾，甚至感覺是一種性騷擾。

透過全腦思維分析系統，他們終於了解，產生誤解的原因只不過是雙方的行為模式不同，也知道了彼此之間的差異。

「原來野中並不是想騷擾我才跟我說話。」

「我以前可能太煩人了，真是對不起啊。」

他們彼此跟對方說這段話的那一幕，至今仍舊令人印象深刻。

後來我收到野中寫來的電郵，在信裡他告訴我，後來和淳子講話時，都會特別注意自己的「說話方式」和「相處方法」，性騷擾的疑雲自然也就煙消雲散了。

「野中課長只是想跟部屬維持良好關係，才會採取那樣的相處方式。」淳子在理解這一點後，當野中再跟她談話時，便不會再像過往那樣，覺得有精神壓力了。

現在他們兩人建立了良好的主管與部屬關係，交情也比過去要好上許多。

Chapter 5

瞬間創造良好人際關係的技術

實際運用全腦思維分析，
就能全面改善人際互動，
讓職場或日常生活都得心應手。

1 不用改變自己，也能擁有好人緣

我在前面一章已經解說如何看穿他人「思考特質」和「行為模式」的技巧，如果多加練習，熟而生巧，即便對方和你是初次見面，經由留意對方的言行舉止，透過嫻熟的問話與判斷，相信你也能測知他是屬於哪一種個性的人。

在本書的最後一章，我想介紹的是，當看穿對方的特質後，該如何和他溝通，也就是能實際運用的「說話技巧」。

誠如你現在所認知的，對什麼樣的說話與態度較有好感，以及對哪一種人比較能產生信賴感，不同特質的人必然有所差異。因此若想和他人保持良好的人際關係，希望擴大人脈圈，那麼因應對方的思考特質或行為模式進行溝通，絕對是必要的。

所謂的配合對方的個性，並不需要「改變自己」，只不過是當和人談話溝通時，在說話方式或表達技巧上費一點心思。依據我多年的成功經驗，即便只是做了一點點小改變，對方對你的印象亦將立即改觀，人際關係因此出現戲劇性地改善。

打個比方，假如你深諳多國語言，想和不同國家的人建立友誼，進行溝通時，你不用改變自己的國籍，只要運用對方想聽、也聽得懂的母語，必然有益於雙方的溝通與情誼的開展。

透過這個譬喻，你應該明白我所說的道理了。

我想這世上沒有意外的，每個人都希望「跟別人相處融洽」、「不想為人際問題煩惱」。若要達成這個心願，其實並不困難，要做的只是看穿別人的個性，以及在問話與回話上「稍微花點心思」，多一點「體貼」對方的方式就能辦到。

2 讓職場生活都得心應手的說話技術

接下來我將解說，如何配合對方的「思考特質」與「行為模式」的說話技巧。我將以幾個實例來說明，告訴你什麼是重點，以及說話的關鍵字等等。如此一來，能幫助你確實掌握這些技巧。當然，我無法在一本書中道盡所有可能的情境，不過只要會舉一反三，許多狀況的基本道理都很類似。

為了方便閱讀與學習，解說將區分為「職場工作篇」和「生活應用篇」。

首先，我先舉出一個代表性的案例，也就是以「部屬對主管表達意見」為例，作為「職場工作篇」的開場。

雖說案例是「部屬對主管表達意見」，不過它也能延伸到其他的層面。比方「主管對部屬做出指示」、「業績推廣」、「商品說明會」、「接待客戶」、

「商務談判」、「處理客訴」、「會議進行」、「用人面試」等等，它們的基本溝通方式都同理可證。

譬如，「該怎麼說話交辦，那個部屬才會按照我的意思去行動」、「該怎樣做，才能說服那個客戶」、「什麼關鍵句才能打動那個顧客，讓他願意購買我的商品……」你可以像這樣假設一些問題後，再試著應用前面所學，對你日後在職場上，必然會帶來不少幫助。

好了，那就讓我開始介紹與解說，將來你能實際應用，改善人際關係的說話應對技巧吧。請你往下看這個案例，並思考一下。

假設你正在思考，覺得「全腦思維分析系統」很不錯，對公司無論外部或內部的溝通，都能帶來相當的助益，打算把它引入人才研修課程中。

如同先前所提及的，體貼對方的個性對溝通說服是有幫助的，那麼身為部屬的你，該如何配合主管的思考特質，才能有效地說服他呢？

3 面對分析型——目的和成果都要明確

部屬：「經理，為了提高公司的溝通效率，我想介紹一種新的工具給您。只需要十分鐘說明就好，您方便嗎？」

經理：「好啊。是什麼呢？」

部屬：「這是一種以腦科學和統計學為基礎的心理分析工具，稱為全腦思維分析系統。簡單來說，它能明確診斷每個人的思考與行為的方法，由美國教育學者專家所研發，目前美國排名前五百大的優良企業中，有很多公司都已在使用，對於溝通效率的提升，具備相當的助益。」

經理：「原來如此。使用後會有什麼效果呢？」

部屬：「員工們會更加理解彼此，溝通也變得更加融洽順暢，工作效能將會顯著提高。事實上，根據數據顯示，在美國引進這套系統的一百多家企業中，大約有七成公司的獲利得到提升。」

經理：「喔……」

部屬：「況且，就中長期來看，還能運用在人才配置或新進員工的面試及任用上。」

經理：「若要引進全腦思維分析系統的費用，大概需要多少？」

部屬：「我已經把預算資料整理好了，實際引進後，對於我們公司的效果測定值，也都用圖表整理好了，請您過目。您可以參考這些數據，這套工具的費用效益比真的不錯。」

經理：「很簡單明瞭，挺不錯的。我會認真考慮看看。」

部屬：「感謝您抽空聽我的報告。」

接著我就針對這段對話的要點分別解說吧。

重點在這裡

❶ **一開始就把「目的」與「時間」說清楚**

分析型人最厭惡浪費時間，他們會確定目的是什麼。因此，當你和他對話的一開始，就必須先說清楚你需要多少時間，以及你想說明的重點是什麼，如此他便會覺得有所掌握，聆聽你說話的興趣也將大幅提升。

❷ **「簡單來說」、「重點是……」使用這種詞彙非常有效**

如同剛剛所言，分析型人不喜歡浪費時間，透過這種用詞能強調「我不會說廢話」，而且你後續的說明也要注意確實做到「只講重點」。

❸ **準備好客觀數據或證據**

分析型人相當在乎客觀數據，若是能藉由這些資料為說明提供佐證，將能增加可信賴度，他接受的程度也因此大幅提高。

❹ **站在中長期的觀點**

不要只說短期的效果，連中長期的效果也要搭配一起說明，這樣的說服力更好。

❺ 要以數字或數據為中心匯整資料

分析型人講究整體，所以你毋須把數據資料說得很精細、複雜，可以講個大概的預估值就好了。

❻ 用視覺方式展現

透過圖形或圖表等視覺手法展現，更能得到分析型人的青睞，他們喜歡一目了然的整體感。

❼ 強調成本效果的ＣＰ值

能強化「以最小的成本得到最大的效果」會更有用，分析型人很在乎這一點。不過也要提醒你，不要單單只講引進的優點，其他需要考慮的點也要一併整理比較好。若是盡說些好處，而沒有什麼要注意的事項，分析型人反而會傾向帶著懷疑的眼光看這個提案。

❽ 務必在一開始宣稱的時間內說完

分析型人很看重時間的掌握，所以你一定要在時間內把話說完。

取得「分析型」人信賴的關鍵字

- 「細節先暫略不提」
- 「進入正題來說」
- 「依據理論，這是很有道理的」
- 「這個問題值得再深入探討」

歸納整理

分析型人想知道的是「目的」、「證明」，還有客觀的數字與資料。他們最討厭拉拉雜雜講一堆的長篇大論，因此說話要盡量簡潔與客觀分析。

4 面對結構型——務實且詳細地提出看法

還是利用前面的這個範例，假若你面對的主管是結構型人的話，你的說明就得要做些調整，畢竟「分析型」和「結構型」這兩類所在乎的點不一樣，你應該改變和主管溝通的攻略法。

跟剛才一樣，我會在對話後補充需要注意的「重點」、「關鍵字」與「歸納整理」等說明，這些都是應對各種類型的人的重要事項。

部屬：「經理，我想向您介紹一種溝通工具，世界首屈一指的企業都已經引進了這項人才研修工具，而且大獲好評。」

經理：「首屈一指的企業是哪些？」

部屬：「除了微軟之外，還有IBM、Intel等企業的研修課程都已經引進。

我們公司也是IT相關企業，我相信獲得同樣成效的可能性很高。」

經理：「原來如此。那是什麼樣的東西？」

部屬：「它稱為全腦思維分析系統，是依據腦科學與統計學來診斷個人特性的工具。全世界已經有超過五十萬人接受過這套系統工具的診斷測驗。測驗資料最後會運用電腦進行分析，因此可信度非常高。在企業組織與溝通的強化上，這個課程也展現出實際績效。」

經理：「可是我們公司不是已經引進了很多人才研修課程嗎？要是又追加新課程，調整起來不是很麻煩嗎？」

部屬：「這一點我有考慮到，也想過調整方法了。可以先從經理級以上的主管進行研修實測，然後再利用實驗課程後的結果詳細分析。若是效果不錯、獲得好評的話，就以年底前為目標，讓業務部門的全體員工都接受研修。」

經理：「接下來又該怎麼做？」

部屬：「之後，再以三個月為期來測定效果，若是確定有效的話，可以規畫從明年度開始，公司全體新進員工都接受研修課程。」

經理：「可是短期研修的話，應該沒辦法讓全體員工都學到這個技巧吧？」

部屬：「如果在課程中無法學習完成，那就改用電話做三次的講習，也能準備免費的選擇性研修課程。」

經理：「但現在的課程已經塞得滿滿的，其他部門可能會抱怨，叫我們別再增加研修課程了。」

部屬：「我已經做過調查，目前進行中的研修課程，有一些效果不太好，若能把效果不佳的換成全腦思維課程，他們應該就不會那麼抗拒了。」

經理：「是嗎？那應該就沒問題了。大概要花多少預算呢？」

部屬：「資料裡面我已附上詳細的估價單，您可以抽空看一下。」

經理：「了解。你這個企畫相當務實呢！」

重點在這裡

❶ 提出其他公司的實例，強調企畫案的可信度

面對結構型人，你所提出的對照參考企業，必須是較知名的企業，或者有歷史的老企業才會奏效。若是家喻戶曉的企業，就能讓他們更加安心。

❷ 強調「過往的實績」

「目前超過五十萬人接受診斷」像這種已經有的實績可以盡量突顯出來，若還能多介紹一些更明確的成功事例，效果會更顯著。

❸ 確實說明步驟和日程

結構型人很在意整體的程序步驟，以及日程進度的規畫安排。因此在這方面絕對不可以缺漏，應該在這方面多一些詳盡說明。

❹ 「引進測試」→「效果測定」→「正式引進」這樣的順序較讓他安心

比起企畫或創意的概念，結構型人更加重視「如何實行」。若是能按照時間序列，提出「什麼時候做什麼」的詳細說明步驟，特別會受到他們歡迎。

❺務必突顯備案、意外防範的計畫

結構型人重視穩定的運作，對於預料之外的問題總會讓他們煩心。因此如果有備案或意外保障的計畫，便能使他們感到安心。

❻對於可能發生的障礙，你都已胸有成竹

任何事情都難保不會發生問題或突發狀況，但只要表現出「一切都在預料中」，結構型人就會覺得無後顧之憂。

❼附上估價單與展示詳細資料

你所提的預算數字不可以概略估計，而是要精確的數值統計，這是結構型人最為重視的項目。此外，資料的正確性，避免錯字、漏字等疏失，以及遵守商業禮儀，用定型化文書表格來整理，也會增加他的信賴感。

取得「結構型」人信賴的關鍵字

- 「說得更詳細點……」

- 「萬一有狀況我也早有準備」
- 「按照日程表」
- 「一步一步地確實進行」

歸納整理

結構型人想知道的是「具體上要做什麼？」基本上，他們對引進新事物非常慎重，能否證明企畫案的「可行性」、「安全性」，是和他溝通的重要關鍵。

5 面對社交型──盡可能以人為本進行對話

接下來，讓我們來看看，如果面對的是社交型主管，你該怎麼說會比較好。可以運用哪些說話技巧，該注意什麼要點。

部屬：「我和○○公司的高橋先生聊天，他向我推薦一個很有效的溝通工具呢！」

經理：「喔～～是那個高橋嗎？」

部屬：「是的。這個工具叫全腦思維分析系統。據他告訴我，這對改善公司內部的人際關係非常有幫助。」

經理：「是嗎～～有這樣的東西？」

部屬：「對啊。其實我聽了之後，前幾天已經去參加全腦思維分析研習，試過後真的很有意思呢。這套系統對個人的思考或行為分析都做得非常詳盡，也提供針對改善人際溝通的有效建議，如果讓我們公司的同仁都能上課研修的話，我想大家就更能彼此互相理解。」

經理：「是嗎？」

部屬：「坦白說，我覺得我們部門最近有點不太融洽。若是能讓彼此更加信賴，自然會降低工作上的摩擦，部門氣氛變好，效率自然會提高。如果大家都能一起分享目標和夢想，我相信公司必然會有更好的發展。」

經理：「正是如此。」

部屬：「此外，我已經拿到了全腦思維分析課程的實測調查結果，也把這些參加者的反饋與迴響都整理出來了。」

經理：「能像這樣聽到真實的心聲，才會讓人有興趣呢。」

部屬：「是啊。您要不要抽個時間去聽聽看全腦思維分析研習的說明課程呢？高橋先生說可以幫我們介紹他們的業務員呢。」

經理：「是嗎？那我一定要去聽聽看。」

重點在這裡

❶「這是〇〇推薦的」，要像這樣直接講出名字

社交型人很在意「別人怎麼想」，尤其當他跟那個人很親近與信賴，或者對方是許多人所熟知的人物，效果就會更大。

❷要強調「這會使周遭的人際關係變得良好」

對於很重視「人與人之間聯繫」的社交型人來說，這是一個可以突顯與引起他關注的好方法。

❸穿插經驗談或真實故事，同時表達個人感想

太客觀的數字分析資料不太能打動社交型人的心，他們更加重視人們的真實感受。因此在溝通說明時，你要把重心放在「人們怎麼想的」這一點上，甚至你自己的感覺也都該放入考量。

❹ 突顯人際關係的問題

由於社交型人非常看重人際關係，若是把問題點放在以人際關係的觀點進行說服的話，較能產生效用。

❺ 使用強調「人與人的聯繫」的詞彙

「大家」、「一起」、「分享」等等，在溝通說服時，記得多使用這種強調人與人聯繫的詞彙。

❻ 資料以個人的感想為中心整理出來

意見調查的結果，或是引用使用者的口碑感想，對於社交型人很具說服力。但不要只單單描述評論結果，在想傳達的資訊中，適度加上個人基本資料，比如「二十九歲女性、任職ＩＴ企業」等具有「個人化資訊」的敘述，將能對他們產生更強烈的訴求。

❼ 如果有興趣，就先幫他預約

社交型人傾向在談話時一面思考一面做出決定。倘若他有興趣，一定會想跟負責人見面。此時你可以馬上幫他邀約，更何況是他熟悉的客戶所介紹的，必然能讓他更感興趣。

取得「社交型」人信賴的關鍵字

- 「可以跟你商量嗎？」
- 「原來如此」、「就是這樣呢」
- 「我很有同感」
- 「一起加油吧」

歸納整理

社交型人想知道的是「別人怎麼想」。請你省略客觀要素，講述「我自己或周遭的人如何看待」，這種個人化的感想對他們來說更受用。

6 面對概念型——想像空間越大，越容易溝通

「職場工作篇」的最後，講述的是對「概念型」主管的說話技巧。這類型的人對新鮮事物都會表現出濃厚的興趣。以這個範例來說，主軸是過往沒有運用過的研習課程，因此最容易打動的就會是「概念型」人。

部屬：「經理！請聽我說！我發現了很有趣的東西！」

經理：「什麼什麼？」

部屬：「這是一種『超強效溝通科學方法』，可以統計分析出一個人屬於什麼個性的系統工具。不久前才剛被引進到國內，目前還是只有內行人才知道的東西。」

經理：「雖然不太了解，但聽起來似乎很厲害的樣子呢！」

部屬：「對啊！打個比方，它就像可以自我了解與認知他人的使用說明書，倘若能在我們部門率先使用的話，就能使彼此間的溝通減少摩擦，合作起來一定會更加順暢，將來也很有機會打造出一支超強的工作團隊。」

經理：「啊～～我好像懂你的意思了。」

部屬：「這份資料請您先看一下。分析診斷結果就像這樣，會用顏色分類做出圖表呢！」

經理：「哇～～很清楚嘛！連我都很想試試看呢！」

部屬：「下周好像有一個研習課可以參加，您要不要一起去？能當場拿到自己的分析結果呢。」

經理：「好！我就去參加吧！」

重點在這裡

❶ 表達出「總之是非常有趣的東西」這樣的氛圍

這對喜歡獨特新鮮事物的概念型人非常有效，善用興奮的感覺加以描述，效果更會加倍。

❷ 強調「新的」、「還沒有其他人知道」的特點

越是新奇，越沒人知道的，概念型人就越想要了解，甚至是自己迫不及待地想試試看。所以在這個部分的強調，絕對是必要的。

❸ 傳達出具體形象

你可以如廣告文案一般，用一句標題式的話來具體說明，就會非常管用。概念型人是擅長「舉一反三」的類型，你若是從頭鉅細靡遺地一一說明，反而會讓他們覺得「你說的我都知道了……」因此容易在聽到一半時就膩了。

❹ 讓結果呈現出長期的意象

屬於抽象腦的概念型人，習慣用長期的觀點看待事物。若你能試著讓他思考使用五年後的成效會是如何，將來可以帶來什麼樣的結果，他就會興致盎然地想像。

❺以視覺性素材來統整資料

概念型人對視覺較為敏感，喜歡呈現五彩繽紛的文件資料，這會讓他樂於一讀與了解。相反地，假如你是以文字做仔細說明，就算你運用的字句都很通順、好讀甚至是華麗，他很可能也會跳過不讀。

❻實際讓他挑戰

概念型人經常藉由體驗的方式來學習，如果是活動講座或體驗營，就製造機會促使他參加。只要讓他感到夠刺激且有趣的話，他就會想要更進一步行動。

得到「概念型」人信賴的關鍵字

- 「我想到一個很棒的點子」
- 「整體形象是……」、「將來會是……」
- 「以……來做比喻的話」

・「以全球化的觀點來看……」

歸納整理

「獨特和新穎」最能吸引概念型人，所以請你盡量抽掉詳細的說明或繁雜的資訊，只要能讓他產生興奮、期待又有趣的「感覺」就成了。

職場工作篇的說話技巧，我就先解說到此。藉由部屬和主管的範例，相信你已經清楚知道，當面對不同類型的主管時，該怎麼和他溝通或說服他。只要再三研讀和消化，就能舉一反三，無論是說服客戶購買、對部屬的交辦、與其他部門合作的商談等等，都是相當有效的技巧。

在商業職場上，若想表達自己的意見或創意，請一定要透過觀察，看穿對方的個性特質，並試著實踐這些對話技巧，你會發現，許多事情都比過去來得順暢，成功機率也突然間大大增加。

7 日常生活一樣好用的全腦思維分析

接著，我要解說的是，在生活領域中能運用的說話技巧。由於全腦思維分析系統受到全球知名大企業的肯定，而使一些人有了刻板印象，誤以為這套系統只針對工作範疇，但其實這是不正確的。

比如說，在前面的真實案例中，我曾提及一對共同創業，卻因彼此行為模式恰好相反，以致於雙方覺得「合不來」的夫妻。他們經過測驗診斷後，了解問題的癥結進而相互體諒。最終不只在工作相處上，連同家庭的融洽都有了戲劇般地改善。

現在，讓我說明如何在個人生活方面應用這些技巧。倘能實踐，必然有助於擴大人際關係。本篇我以「第一次約會就讓異性對你有好感」作為範例。範例中，是以「你＝男性」、「對方＝女性」來介紹，就算兩者對調也適用。

8 和分析型約會——善用引發求知心的話題

女性：「這家店的伊比利豬排真的很好吃呢！」

男性：「妳知道伊比利豬是用橡樹果實養大的嗎？」

女性：「嗯，我知道。」

男性：「不過就算在國內餵豬吃橡果，品質也沒辦法和伊比利豬一樣好。」

女性：「真的嗎？怎麼說呢？」

男性：「嗯～原因就在西班牙給伊比利豬吃的橡果，跟我們這裡的樹種不一樣喔。」

女性：「咦？」

男性：「還有，放養的部分也有很大的差別。西班牙的伊比利豬，除了吃當地的橡果外，牠們還會自行覓食，諸如牧草和球根植物之類的東西。伊比利豬的脂肪之所以如霜降一樣的分布，據說關鍵在牠擁有豐富的運動量。」

女性：「原來養豬還有這麼深的學問，想不到會受到如此多的環境影響啊。」

重點在這裡

分析型人對於能刺激自己求知好奇心的人較有好感，因此在對話中，不經意地流露自己的「學問淵博」，可說是相當奏效的手法。不過，要是對方也是一個知性的人，而你所說的是比較廣為人知的普通知識，那麼對方就會感覺「這種事我老早就知道了」，並以敷衍的方式應對。

拿前述對話為例，「伊比利豬是吃橡果長大的」就是廣為人知的資訊，但是談及「樹種不同」或「採取放牧養殖」等訊息，知道的人應該不會太多。所以你若能展現這些知識，將會讓對方覺得驚豔，也就能提升對你的好感。

分析型人對理論學問都很感興趣，也因此會對某個人的「淵博學識」，以及讓她覺得和這個人聊天「可以學到很多的知性學問」而興致盎然。

歸納整理

展現讓分析型人覺得：「咦？真的嗎？原來如此！」的知識吧，這絕對有助於擴大你的人脈圈！

9 和結構型約會——穩當的安排最讓她安心

如果對方是「結構型」人，你該怎麼說話會比較妥當呢？找出對方的個性，並貼心地投其所好，是突顯自我與和人聊不停的不變通則。

女性：「咦～你已經到了！離約好的時間還有五分鐘，來得真早啊。」

男性：「我總是會提早十分鐘到，在工作上也是，這是我的習慣。」

女性：「原來如此。那我們今天去哪裡吃飯呢？」

男性：「我聽說妳喜歡中華料理，所以就擅自預約了一家很有歷史的上海菜餐廳，希望妳不會見怪。從那個轉角過去，一下子就到了唷。」

女性：「哇！好期待！不知道那裡有什麼特殊與好吃的菜色？」

男性：「現在這個時節最值得品嘗的是大閘蟹。也有搭配其他招牌料理的組合套餐，你可以嘗試看看。我曾經吃過，非常美味喔！」

重點在這裡

結構型人對於確實訂定計畫，並能實際執行的人抱持好感。比方說「能遵守約定的時間，而且平常就很守時」、「不會忘記預約餐廳」、「店家位置也能掌握，能順利引導」、「曾經有經驗，也知道招牌菜」等等。

像這樣的細節與行動，都可以在彼此的對話中不經意展現出來，讓對方知道你是一個有計畫性的人，就能獲得對方的信賴。

別讓結構型人看到你「走一步，算一步，沒有章法，只喜歡憑感覺」的一面。在選擇餐廳或點菜時碎碎念：「哎呀，真不知道該點些什麼……」等猶豫不決的話，容易讓對方覺得「跟你在一起無法安心」，這會對你的印象大打折扣，請你要特別留意。

歸納整理

讓結構型人知道你是「有認真做準備，也會按照計畫執行的人」吧！

能在約會中展現有條理的安排，才能博得「結構型」人的青睞，給對方留下好印象。

10 和社交型約會——談話要以人際關係為重點

當你所面對的異性是「社交型」人，這類型的人很在乎人與人之間的關係，因此若先從「人」來打開話匣子，便能先馳得點，有好的開始。接下來的互動會熱絡許多，這是你可以留意的說話技巧。

男性：「我在長野出生，妳呢？」

女性：「千葉縣，銚子市你知道嗎？」

男性：「哦～其實我外婆家也在銚子市呢！每年夏季時，我都會和朋友組隊參加當地的游泳比賽和烤肉，妳參加過類似的活動嗎？」

女性：「會啊，我們老家也是每年都會烤肉喔。」

男性：「那麼今年要不要一起舉辦呢？我還可以介紹很多朋友給妳認識，

我們一定會玩得很開心。」

重點在這裡

如果對方是社交型人，就請多說一些自己個人的話題，比方說你的出生地、家人、個人興趣等等，可以看出「個人特質」的資訊。如此跟社交型人就很容易打成一片，進入熱烈的談話情境。

但要注意，不是只講自己的事而已，也要巧妙地詢問對方的事，以及對她的回答要表示出共鳴感，找出自己與對方的共同點。

此外，說些能聯想到人與人的邂逅、快樂與親密感的話題也非常管用，讓對方感覺到「自己和這個人有連結」，這對社交型人來說比什麼都重要。

歸納整理

面對社交型人，就聊些「個人話題」吧！

11 和概念型約會——非日常的體驗最感心動

最後讓我們來談談和「概念型」人說話的技巧。這類型人對新鮮、好玩的事特別有興趣，從這個角度切入是比較好的選擇，她會很容易投入。

男性：「妳去過非洲嗎？」
女性：「沒有耶。不過有機會的話，很想去看看呢！」
男性：「我曾經去過布吉納法索！」
女性：「布吉……？」
男性：「布吉納法索，它在西非。」
女性：「哦～為什麼會去？旅行嗎？」
男性：「不，是去工作。」

女性：「工作？」

男性：「那時剛好有個顧客的公司跟當地有關，所以我被派遣到當地出差。」

女性：「原來如此，布吉納法索是什麼樣的地方？你在那裡有沒有發生什麼有趣的事呢？」

男性：「從機場搭上計程車，司機說這是他第一次載到日本人，還邀請我一定要到他家坐坐。我覺得這似乎滿有趣的，到飯店將行李放下後，就到司機的家裡拜訪了。」

重點在這裡

概念型人在對話中，喜歡追求刺激感或驚喜，他們對自己已經很熟悉的事物不感興趣，換句話說，他們最喜歡聽自己不知道，或是沒有體驗過的事物或小故事。不過，若是過於普通的故事，這類型人會顯得興趣缺缺。

以這個範例來說，前往的地點位於非洲，還對大部分人而言是鮮少聽過的國家，而且不是一般旅行，是因為出差才去的行程，更能增添意外性。再加上當天到偶然搭乘的計程車司機家裡拜訪，對概念型人來說簡直不可思議，很容易打開話題。

你可以在自己有過的體驗中，試著找出「對方肯定沒有經歷過的事」，即使並非什麼少見的體驗也沒關係。如果你的工作和對方不同，就應該接觸得到日常生活中「對方不知道的事」、「沒有聽過或見過的事」才對。請你把這些東西巧妙地運用在對話中吧。

歸納整理

概念型人最愛「驚訝或驚喜」，你應該在彼此的對話中加入這些素材！

12 不同行為模式該怎麼相處的技巧

以上我已針對不同「思考特質」類型的人，提供了不同的搭話技巧。接下來，我要介紹的是，配合對方「行為模式」的應對方法。「不同的思考特質」必須從改變說話的內容來應對，然而，「不同的行為模式」則要用相處方式和行為舉止來配合對方。

現在就讓我們來看看各個不同的應對方法吧。

了解與尊重對方類型，並用行動來配合

■ 如果對方是「自我表現性強」的類型

・不要打斷對方說話。

・如果從開始到最後都沉默不語，就會被認為「你什麼也沒有想」。因此

要適時表達自己的意見，切實回答對方的問題，聲調清楚並可同時穿插一些動作輔助。

■如果對方是「自我表現性弱」的類型

・多運用沉著穩重的聲音說話。
・與其在較多人的場合交談，不如選擇較少人的場合與之攀談。
・即使對方比較沉默寡言，也不要催促他，而是多給他時間思考。

■如果對方是「自我主張性強」的類型

・集中要點的說明。
・讓對方感覺受尊重的前提下，提出反對意見。
・在對方面前要手腳俐落、動作迅速。

■如果對方是「自我主張性弱」的類型

・「你覺得如何呢？」多詢問對方意見。
・即使意見與自己不同也不要挑釁，要完全以禮相待。

・注意自己說話與動作的速度，並配合對方的步調。

■如果對方是「自我調整性強」的類型

・對方的說法若更改也要愉快應對，並把事後可能還會變更的情況列入考慮。

・提出多種選項。

・不要逼他當場決定，多給他一點考慮時間。

■如果對方是「自我調整性弱」的類型

・在一開始說話時，就先問清楚對方的意見或思考方向。

・尋找與對方的共同點，盡可能依此來溝通或提案。

・萬一需要變更時，須明確地說出理由。

・與對方共同討論的結果，盡量不要事後變卦。

讓對方覺得「你跟我是同一類型的人」

和「不同行為模式」相處的考量上，首先要注意的是，讓對方感覺得到尊重，並留意配合對方的行為模式。倘若採取與對方的行為模式完全相反的行動，對方就會認為「那個人跟我合不來」，必須特別留意這一點。

例如，「自我表現性強」的人會認為，在會議中積極主動發言是「很普通」的事，因此盡量讓對方可以暢所欲言。另一方面，你自己也必須表現出積極發言的態度，否則對方不會對你有多好的評價。

對於「自我主張性強」的人來說，熱烈的討論也是「很普通」的事，所以你可以在讓他受到尊重的前提下，說出不同的見解，這會讓他感覺氣味相投，認為你也是「頗為能幹的人」。對於此行為模式「強型」的人來說，那是很普通的事，並不會因為你陳述反對意見而生氣。

在你還不習慣配合對方時，也許會覺得我上述說的技巧有點困難，這是因為你尚未熟能生巧的緣故。只要學會看穿對方的行為模式，逐步練習如何調整配合，就能自然應對了。

比方說，你可以先從配合對方說話的音量、速度或停頓時間等開始練習。當你在說話方式或舉止配合對方時，也等於透露出「我理解你，也很尊重你」的訊息。

人們或許難以從外表看出你內心在想些什麼，卻可以從外在行為，感受到你想透露的訊息。藉由配合對方的說話方式或行為舉止，必然能讓他覺得「跟這個人似乎滿合得來的」。

再也沒有「合不來」的人了

讀到這裡你覺得怎麼樣呢？你是否發現到，即便表達同樣的事，若考慮到對方思考或行為的差異，也會有這麼多不同的表達方式。

和過去沒有想過這個道理相比的話，你是否會對這天壤之別的狀況感到訝異呢？現在，我相信你已能理解，過往「為什麼我講的話，對方就是不懂？」、「為什麼我老是覺得對方總是說不通？」、「為什麼我總是和某人處不好、合不來呢？」等狀況的真正原因了。

人們經常把「講清楚，就會懂了」這句話掛在嘴邊，但真的是如此嗎？為什麼人們的溝通經常會發生「雞同鴨講」的情況呢？那都是因為在沒有理解對方的狀況下，一味想貫徹自己的意見或想法，於是這種各說各話、溝通完全失靈的局面就此產生。合不來、難相處、互相討厭等狀況，就難以避免，隨處可見了。

無論是職場或私人生活領域，很多人會對著「分析型人」使用「社交型」的說話方式；對著「概念型人」使用「結構型」的方式溝通，又或者在「自我表現性強」的人面前，以合適對待「自我表現性弱」的人的行為舉止來展現自己的態度，這一切都是造成「不知為何，我就是無法與對方互相理解」的主要原因。

現在只要學會運用全腦思維分析系統的觀念與技術，這些困擾你許久的人際關係問題都將迎刃而解。過去話不投機的上司、老是不合拍的同事、難以理解你的想法的下屬，以及感覺難以應對的顧客……將來都能更融洽地與他們相處、溝通。

當你發現自己在不自覺中，改變了與對方的說話方式時，過去你所「討厭的人」將會消失無蹤。更重要的是，你會發現許多人都稱讚你好相處、容易溝通，無論是誰都能和你聊不停。你也能說服各種人，只要你想做到的幾乎都能達成。

感謝與結語

最後我想對那些將全腦思維分析系統引進日本，並協助本書發行的眾多人士表達感謝之意。

首先，我想先對EG JAPAN的優秀工作人員，以及不斷運用「藍色」頭腦，也就是本書開頭【彩色圖解一】中「分析型」的思考特質，大力支持我們的增山，還有那些在日本各地協助我們推廣運用EG課程，進而使大家能了解自己的重要性，和與他人的差異性有何種意義的夥伴們。參加過我們在各地舉辦多達數百場全腦思維研習課程的朋友們，以及在最初給我們特質分析機會的家人們，我內心由衷地感謝。

我衷心希望在閱讀完本書後，你不但能藉由全腦思維分析系統，理解自己所屬的特質，也能與其他不同類型的人，建立良好的人際關係，朝向美好的將來跨出一大步。

最後一個問題，請你猜猜看，我們兩位作者的特質分析結果，又分別屬於什麼顏色的呢？

中村泰彥、中尾信也（二〇一一年七月）

開創者的解說
做自己，看穿別人，才是最佳策略

蓋爾．布朗寧博士（Geil Browning, Ph.D）

首先，對於能藉由中尾信也與中村泰彥兩位作者所共同合著的《讀心溝通術》作品，來向各位讀者介紹全腦思維分析系統這個我畢生鑽研的事業，我感到非常光榮。

閱讀本書的讀者們，應該已充分理解什麼是全腦思維技巧中四個思考特質——分析型、結構型、社交型、概念型，以及三種行為模式——自我表現性、自我主張性、自我調整性的定義了。

人們都擁有這些特質的交互組合，每個人都是不同的。

舉例來說，假設你的主管具有分析型人的思考特質，另一方面，行為模式是自我表現性弱、自我主張性弱而自我調整性則是居中的類型，那麼他的外顯個性看起來就會很沉著，並且非常冷靜。

另一方面，倘若你的岳母擁有社交型的思考特質，但自我表現性與自我主張性都相當強，而自我調整性偏弱，也許她就是一個非常愛熱鬧且感情豐富的人。

當然，你的孩子可能與你是同個模子印出來的翻版，但也有可能就像外星人似的與你完全不同，會產生這樣的狀況，是因為你和另一半擁有各種不同特點的緣故。

這些差異有可能讓你感覺到愛，或是能給予他人讚賞，但也有可能是造成內心焦慮的原因。無論如何，請記得每個人都是完美的，也自然會有些人跟你合得來，也有人跟你合不來。

若是知道自己的特質，就能理解為什麼有的人和你才相處沒多久，卻讓你一瞬間感到氣味相投；而有的人則讓你必須特別辛苦地去建立人際關係。

當然，會這麼想的並非只有你一個人而已，對方也極可能同樣這麼認為。不過值得開心的是，這不是彼此感情不睦的問題，一切只不過在於你們的個性不盡相同！

各位在閱讀本書，並取得全腦思維分析系統的相關資訊後，相信此時應該已學會如何觀察他人擁有什麼樣的思考特質及行為特性了。

本書中提供的這些技巧，對促進人際關係或順暢溝通有很大的幫助。倘若能大致猜測出對方的行為特質為何，你便能藉著配合他的行為舉止，讓對方在相處時感到愉快。

只要預測對方個性的技術更加精進，自然也就更容易猜出對方的思考取向。如此一來，即便是面對偏重概念型的人時，在認真談話中，若是突然天外飛來一筆嶄新的提案，你也能大概理解這是此類型人具備的特質；而在面對工作相當沉穩，而且行為模式都屬於弱型的結構型同事，就算他說出「其實一個人獨處時，我心裡更能感覺到踏實」之類的話，你也不會因此覺得大受打擊或挫折了。

了解自己的個性分析還有另一個好處，就是能知道自己在本質上的強項。對自己不習慣或不擅長的事，或許用盡心力還是能做到，不過長期勉強自己處理不擅長的事，總有一天也會疲憊不已。相反的，若是能發揮自己的強項，就會感覺帶著滿滿的充實感、成就感及滿足感入眠。

人類個性特質是由人生經驗（emerge），加上與生俱來的遺傳（genetic）排列組合而成。

換言之，也就是遺傳和環境形塑了你這個人。

全腦思維分析系統是一套利用科學方式，說明人類如何思考自身與他人的作為，以及採取這種行動的理由的工具。

這套系統使用顏色和圖表，將你的個性用簡單易懂的形式表現出來，使你與他人更容易共享。

最近這二十年間，我一直在全球各地談論全腦思維分析系統，它讓我學到一件最重要的事，那就是雖然普遍存在文化的差異，但人們還是能溝通。也許彼此說的是不同語言，但顯現於行為上的層面卻是任何國家都一樣。

即使革新技術不斷演進，商業手法推陳出新、企業型態劇烈變化，但全腦思維分析系統永遠是一項值得信賴的工具，因為人性的本質無論在哪裡都是一樣的。

非常遺憾的是，我並不會說日語，因此好幾次在東京舉行研習營時，都需要翻譯的協助，這也讓我十分不安。講授平常慣用的內容，或是執行各種活動課程時，我經常擔心我的想法是否完美地傳達給上課的學員。不過我說的笑話總是搏得不少笑聲，當看到上課的學員對我的各種說明或比喻表現出領會的模樣，不安的感受也就煙消雲散了。

這樣的解說方式，讓我覺得彷彿和在家鄉科羅拉多講課時無異。就像我在英語語系的地區進行研習時一樣，我一面講解時，也能想像出參加者為分析型、結構型、社交型、概念型各種不同大腦會表現出來的反應。同樣地，對於擁有各自不同行為模式的參加者，在聽演講時會有什麼樣的反應，我也都能大略猜得出來。

全腦思維分析系統對所有人來說都相當適用。無論是義大利人、哥斯大黎加人、辛巴威人還是日本人都一樣。世界因為網路與通訊軟體的發達，距離變得越來越小，對構築超越國界的人際關係，也變得比以前更重要。而我相信，全腦思維分析系統在今後的國際社會、商業合作與人際關係上，將扮演相當重要的角色。

和中尾信也、中村泰彥兩位作者的關係，對我來說無比珍貴，而這種關係是建築在對彼此絕對信賴與尊敬的基礎上。他們兩位在二〇一〇年時，已獲得全腦思維分析系統專家認證中的最高等級 Master Associate。放眼世界，擁有這種專業資格的人，至今僅有六位，而他們正是其中的兩位。

身為兩位合作者的著作顧問，可以像這樣為文撰寫，並將全腦思維分析系統和大家分享，我由衷地感到光榮。

Geil Browning（二〇一一年七月）

★本文作者為全腦思維分析系統的開創者。在獲得內布拉斯加大學博士學位後，前往哈佛大學攻讀大腦和心理分析博士，全腦思維分析系統正是她超過二十年的研究成果。直到今日，蓋爾．布朗寧博士仍舊針對本系統在全世界舉辦研習課程，並以促進者、開發者、研究者及顧問的身分，在全球各地協助許多知名企業進行人才培訓課程。

作者簡介

中村泰彥

現為 Emergenetics International 總經理；Emergenetics Japan 代表；YAS 有限公司董事長。自青山學院大學畢業後，任職於金融相關的不動產開發公司。為了實現夢想，在二〇〇五年榮獲國際青年商會全球最優秀的訓練師後，成立了 YAS 有限公司。二〇〇七年，將全腦思維分析系統引進日本。目前每年除了針對民間企業、行政機關、特定行政法人、各類團體舉辦超過一百場的研習活動外，也擔任顧問、人才培育協助、職業講師等工作。

中尾信也

現為 Emergenetics Japan 商務推廣主任；EDUTE 株式會社董事。為世界六位全腦思維分析系統 Master Associate 資格的其中一位，在二〇〇七年於阿拉伯聯合大公國的阿布達比取得認證資格。對蓋爾・布朗寧博士的教學產生共鳴，並在日本進行全腦思維分析系統的推廣。

他將本身的經營經驗與技術，落實於企業文化教育中，獲得高度評價。目前專門協助強化企業理念的理解、團隊能力的強化、指導新人的錄取、人事配置、第二代繼承等，協助解決企業中遇到的各種問題。

譯者簡介

張婷婷

從事金融業十餘年。

熱愛翻譯，接觸書籍翻譯近十年。譯有《給小桃的信》、《母親這種病》、《父親這種病》、《把垃圾變成寶藏的公司》、《找好店面的本事》等，現為全職翻譯者。

E-mail：tttchang@gmail.com

國家圖書館出版品預行編目 (CIP) 資料

讀心溝通術 : 如何從「口頭禪」判斷對方個性？掌握七技巧，立刻看穿各種人 !/ 中村泰彥，中尾信也作；張婷婷譯 . -- 二版 . -- [臺北市] : 格致文化 , 2021.08
面； 公分
譯自 : 一瞬で人間関係を作る技術エマジェネティックス

ISBN 978-986-96909-8-0（平裝）

1. 人際關係

177.3 110009659

讀心溝通術

如何從「口頭禪」判斷對方個性？掌握七技巧，立刻看穿各種人！

一瞬で人間関係を作る技術エマジェネティックス

作　　者　中村泰彥、中尾信也
譯　　者　張婷婷

總 編 輯　鄭明禮
責任編輯　盧巧勳
業 務 部　康朝順、葉兆軒、林姿穎、林傑
企 劃 部　林秀卿、王文伶
管 理 部　蘇心怡、陳姿仔、莊惠淳
封面設計　張天薪
內頁設計　李偉涵

出版製作　格致文化
發行統籌　方言文化出版事業有限公司
劃撥帳號　50041064
電話／傳真　（02）2370-2798／（02）2370-2766

定　　價　新台幣 320 元　港幣 89 元
初版一刷　2021 年 8 月 25 日
I S B N　978-986-96909-8-0

格致文化　方言出版集團
BABEL PUBLISHING GROUP